ㅏ尺丹几乙乚丹ㅏと

Translated Language Learning

The Communist Manifesto

Маніфест Комуністичної партії

Karl Marx & Friedrich Engels

English / українська

Copyright © 2024 Tranzlaty
All rights reserved.
Published by Tranzlaty
ISBN: 978-1-83566-172-7
Original text by Karl Marx and Friedrich Engels
The Communist Manifesto
First published in 1848
www.tranzlaty.com

- Introduction -
Введення

A spectre is haunting Europe — the spectre of Communism
Привид блукає Європою — привид комунізму
All the Powers of old Europe have entered into a holy alliance to exorcise this spectre
Всі держави старої Європи уклали священний союз, щоб вигнати цю примару
Pope and Czar, Metternich and Guizot, French Radicals and German police-spies
Папа і цар, Меттерніх і Гізо, французькі радикали і німецькі поліцейські-шпигуни
Where is the party in opposition that has not been decried as Communistic by its opponents in power?
Де та опозиційна партія, яку опоненти при владі не засудили як комуністичну?
Where is the Opposition that has not hurled back the branding reproach of Communism, against the more advanced opposition parties?
Де та опозиція, яка не відкинула тавровий докір комунізму на адресу більш просунутих опозиційних партій?
And where is the party that has not made the accusation against its reactionary adversaries?
І де та партія, яка не висунула звинувачення проти своїх реакційних супротивників?
Two things result from this fact
З цього факту випливають дві речі
I. Communism is already acknowledged by all European Powers to be itself a Power
I. Комунізм вже визнаний усіма європейськими державами як держава
II. It is high time that Communists should openly, in the face of the whole world, publish their views, aims and tendencies

II. Настав час, щоб комуністи відкрито, перед обличчям усього світу, оприлюднили свої погляди, цілі та тенденції
they must meet this nursery tale of the Spectre of Communism with a Manifesto of the party itself
вони повинні зустріти цю дитячу казку про привид комунізму з маніфестом самої партії
To this end, Communists of various nationalities have assembled in London and sketched the following Manifesto
З цією метою комуністи різних національностей зібралися в Лондоні і накидали наступний Маніфест
this manifesto is to be published in the English, French, German, Italian, Flemish and Danish languages
цей маніфест має бути опублікований англійською, французькою, німецькою, італійською, фламандською та данською мовами
And now it is to be published in all the languages that Tranzlaty offers
І тепер він має бути опублікований усіма мовами, які пропонує Tranzlaty

- Bourgeoisie and the Proletarians -
Буржуазія і пролетарі

The history of all hitherto existing societies is the history of class struggles
Історія всіх існуючих досі суспільств - це історія класової боротьби
Freeman and slave, patrician and plebeian, lord and serf, guild-master and journeyman
Вільна людина і раб, патрицій і плебей, пан і кріпак, цехмейстер і підмайстер
in a word, oppressor and oppressed
Одним словом, гнобитель і пригноблений
these social classes stood in constant opposition to one another
Ці соціальні класи перебували в постійній опозиції один до одного
they carried on an uninterrupted fight. Now hidden, now open
Вони вели безперервну боротьбу. Тепер приховано, тепер відкрито
a fight that either ended in a revolutionary re-constitution of society at large
боротьба, яка закінчилася революційною перебудовою суспільства в цілому
or a fight that ended in the common ruin of the contending classes
або боротьбу, яка закінчилася загальною загибеллю ворогуючих класів
let us look back to the earlier epochs of history
Озирнімося на попередні епохи історії
we find almost everywhere a complicated arrangement of society into various orders
Майже скрізь ми знаходимо складний поділ суспільства на різні порядки
there has always been a manifold gradation of social rank

- 3 -

Завжди існувала різноманітна градація соціального рангу
In ancient Rome we have patricians, knights, plebeians, slaves
У Стародавньому Римі є патриції, лицарі, плебеї, раби
in the Middle Ages: feudal lords, vassals, guild-masters, journeymen, apprentices, serfs
в середні віки: феодали, васали, цехмейстери, підмайстри, підмайстри, кріпаки
in almost all of these classes, again, subordinate gradations
Майже у всіх цих класах, знову ж таки, підрядні градації
The modern Bourgeoisie society has sprouted from the ruins of feudal society
Сучасне буржуазне суспільство виросло з руїн феодального суспільства
but this new social order has not done away with class antagonisms
Але цей новий соціальний лад не покінчив із класовими антагонізмами
It has but established new classes and new conditions of oppression
Вона лише встановила нові класи і нові умови гноблення
it has established new forms of struggle in place of the old ones
Вона встановила нові форми боротьби замість старих
however, the epoch we find ourselves in possesses one distinctive feature
Однак епоха, в якій ми опинилися, має одну відмінну рису
the epoch of the Bourgeoisie has simplified the class antagonisms
епоха буржуазії спростила класові антагонізми
Society as a whole is more and more splitting up into two great hostile camps
Суспільство в цілому все більше розпадається на два великих ворожих табори
two great social classes directly facing each other: Bourgeoisie and Proletariat

два великих суспільних класу, що безпосередньо стикаються один з одним: буржуазія і пролетаріат

From the serfs of the Middle Ages sprang the chartered burghers of the earliest towns

З кріпаків середньовіччя вийшли завірені міщани найдавніших міст

From these burgesses the first elements of the Bourgeoisie were developed

З цих міщан розвинулися перші елементи буржуазії

The discovery of America and the rounding of the Cape

Відкриття Америки і округлення мису

these events opened up fresh ground for the rising Bourgeoisie

ці події відкрили нові ґрунти для зростаючої буржуазії

The East-Indian and Chinese markets, the colonisation of America, trade with the colonies

Ринки Ост-Індії та Китаю, колонізація Америки, торгівля з колоніями

the increase in the means of exchange and in commodities generally

збільшення засобів обміну і товарів в цілому

these events gave to commerce, navigation, and industry an impulse never before known

Ці події дали комерції, навігації та промисловості небачений раніше імпульс

it gave rapid development to the revolutionary element in the tottering feudal society

Це дало швидкий розвиток революційному елементу в хиткому феодальному суспільстві

closed guilds had monopolised the feudal system of industrial production

Закриті гільдії монополізували феодальну систему промислового виробництва

but this no longer sufficed for the growing wants of the new markets

Але цього вже не вистачало для зростаючих потреб нових ринків

The manufacturing system took the place of the feudal system of industry

На зміну феодальній системі промисловості прийшла виробнича система

The guild-masters were pushed on one side by the manufacturing middle class

Цехмейстерів з одного боку відтіснив промисловий середній клас

division of labour between the different corporate guilds vanished

зник розподіл праці між різними корпоративними гільдіями

the division of labour penetrated each single workshop

Поділ праці пронизував кожну окрему майстерню

Meantime, the markets kept ever growing, and the demand ever rising

Тим часом ринки продовжували зростати, а попит постійно зростав

Even factories no longer sufficed to meet the demands

Навіть заводів вже не вистачало, щоб задовольнити потреби

Thereupon, steam and machinery revolutionised industrial production

Після цього пара і машини зробили революцію в промисловому виробництві

The place of manufacture was taken by the giant, Modern Industry

Місце виробництва зайняв гігант Modern Industry

the place of the industrial middle class was taken by industrial millionaires

Місце промислового середнього класу зайняли промислові мільйонери

the place of leaders of whole industrial armies were taken by the modern Bourgeoisie

місце вождів цілих промислових армій зайняла сучасна буржуазія

the discovery of America paved the way for modern industry to establish the world market

відкриття Америки відкрило шлях сучасній промисловості до становлення світового ринку

This market gave an immense development to commerce, navigation, and communication by land

Цей ринок дав величезний розвиток торгівлі, навігації та сухопутному зв'язку

This development has, in its time, reacted on the extension of industry

Цей розвиток свого часу відбився на розширенні промисловості

it reacted in proportion to how industry extended, and how commerce, navigation and railways extended

Вона реагувала пропорційно тому, як розширювалася промисловість, розширювалася торгівля, мореплавство і залізниці

in the same proportion that the Bourgeoisie developed, they increased their capital

в тій же пропорції, в якій розвивалася буржуазія, вона збільшувала свій капітал

and the Bourgeoisie pushed into the background every class handed down from the Middle Ages

а буржуазія відсунула на задній план будь-який клас, переданий з середньовіччя

therefore the modern Bourgeoisie is itself the product of a long course of development

тому сучасна буржуазія сама по собі є продуктом тривалого шляху розвитку

we see it is a series of revolutions in the modes of production and of exchange

Ми бачимо, що це серія революцій у способах виробництва та обміну

Each developmental Bourgeoisie step was accompanied by a corresponding political advance
Кожен крок розвитку буржуазії супроводжувався відповідним політичним кроком
An oppressed class under the sway of the feudal nobility
Пригноблений клас під владою феодальної знаті
an armed and self-governing association in the mediaeval commune
озброєне і самоврядне об'єднання в середньовічній комуні
here, an independent urban republic (as in Italy and Germany)
тут незалежна урбаністична республіка (як в Італії та Німеччині)
there, a taxable "third estate" of the monarchy (as in France)
там оподатковуваний «третій стан» монархії (як у Франції)
afterwards, in the period of manufacture proper
згодом, у період виготовлення належного
the Bourgeoisie served either the semi-feudal or the absolute monarchy
буржуазія служила або напівфеодальній, або абсолютній монархії
or the Bourgeoisie acted as a counterpoise against the nobility
або буржуазія виступала як противага дворянству
and, in fact, the Bourgeoisie was a corner-stone of the great monarchies in general
і, по суті, буржуазія була наріжним каменем великих монархій взагалі
but Modern Industry and the world-market established itself since then
але з тих пір утвердилася сучасна промисловість і світовий ринок
and the Bourgeoisie has conquered for itself exclusive political sway
і буржуазія завоювала для себе виняткову політичну владу

it achieved this political sway through the modern representative State
вона досягла такого політичного впливу через сучасну представницьку державу
The executives of the modern State are but a management committee
Виконавча влада сучасної держави є лише керівним комітетом
and they manage the common affairs of the whole of the Bourgeoisie
і вони керують загальними справами всієї буржуазії
The Bourgeoisie, historically, has played a most revolutionary part
Буржуазія історично відігравала найбільш революційну роль
wherever it got the upper hand, it put an end to all feudal, patriarchal, and idyllic relations
Скрізь, де вона брала гору, вона ставила край усім феодальним, патріархальним та ідилічним відносинам
It has pitilessly torn asunder the motley feudal ties that bound man to his "natural superiors"
Вона безжально розірвала строкаті феодальні зв'язки, які пов'язували людину з її «природним начальством»
and it has left remaining no nexus between man and man, other than naked self-interest
І вона не залишила ніякого зв'язку між людиною і людиною, крім голого егоїзму
man's relations with one another have become nothing more than callous "cash payment"
Відносини людей один з одним стали нічим іншим, як бездушною «грошовою оплатою»
It has drowned the most heavenly ecstasies of religious fervour
Вона заглушила найнебесніші екстази релігійного запалу
it has drowned chivalrous enthusiasm and philistine sentimentalism

Вона заглушила лицарський ентузіазм і обивательський сентименталізм
it has drowned these things in the icy water of egotistical calculation
Вона втопила ці речі в крижаній воді егоїстичних розрахунків
It has resolved personal worth into exchangeable value
Вона перетворила особисту цінність на мінову вартість
it has replaced the numberless and indefeasible chartered freedoms
Вона прийшла на зміну незліченним і непорушним статутним свободам
and it has set up a single, unconscionable freedom; Free Trade
і вона встановила єдину, безсовісну свободу; Вільна торгівля
In one word, it has done this for exploitation
Одним словом, вона зробила це для експлуатації
exploitation veiled by religious and political illusions
експлуатація, завуальована релігійними та політичними ілюзіями
exploitation veiled by naked, shameless, direct, brutal exploitation
експлуатація, завуальована голою, безсоромною, прямою, жорстокою експлуатацією
the Bourgeoisie has stripped the halo off every previously honoured and revered occupation
буржуазія зняла ореол з усіх раніше шанованих і шанованих занять
the physician, the lawyer, the priest, the poet, and the man of science
Лікар, законник, священик, поет і людина науки
it has converted these distinguished workers into its paid wage labourers
Вона перетворила цих видатних працівників на своїх найманих робітників

The Bourgeoisie has torn the sentimental veil away from the family
Буржуазія зірвала сентиментальну завісу з сім'ї
and it has reduced the family relation to a mere money relation
І це звело родинні стосунки до простих грошових відносин
the brutal display of vigour in the Middle Ages which Reactionists so much admire
жорстокий прояв енергійності в середні віки, яким так захоплюються реакціонери
even this found its fitting complement in the most slothful indolence
Навіть це знайшло своє гідне доповнення в самій лінивій млявості
The Bourgeoisie has disclosed how all this came to pass
Буржуазія розповіла, як все це сталося
The Bourgeoisie have been the first to show what man's activity can bring about
Буржуазія була першою, хто показав, до чого може призвести діяльність людини
It has accomplished wonders far surpassing Egyptian pyramids, Roman aqueducts, and Gothic cathedrals
Він здійснив чудеса, які набагато перевершують єгипетські піраміди, римські акведуки та готичні собори
and it has conducted expeditions that put in the shade all former Exoduses of nations and crusades
і вона проводила експедиції, які відкидали в тінь всі колишні Виходи народів і хрестові походи

The Bourgeoisie cannot exist without constantly revolutionising the instruments of production
Буржуазія не може існувати без постійної революції в знаряддях виробництва
and thereby it cannot exist without its relations to production

і тому вона не може існувати без своїх відносин з виробництвом
and therefore it cannot exist without its relations to society
і тому вона не може існувати без своїх відносин з суспільством
all earlier industrial classes had one condition in common
Всі попередні промислові класи мали одну спільну умову
they relied on the conservation of the old modes of production
Вони робили ставку на збереження старих способів виробництва
but the Bourgeoisie brought with it a completely new dynamic
але буржуазія принесла з собою абсолютно нову динаміку
Constant revolutionizing of production and uninterrupted disturbance of all social conditions
Постійна революція виробництва і безперервне порушення всіх суспільних умов
this everlasting uncertainty and agitation distinguishes the Bourgeoisie epoch from all earlier ones
ця вічна непевність і хвилювання відрізняє епоху буржуазії від усіх попередніх
previous relations with production came with ancient and venerable prejudices and opinions
Попередні відносини з виробництвом були пов'язані з давніми і поважними забобонами і думками
but all of these fixed, fast-frozen relations are swept away
Але всі ці фіксовані, швидко заморожені відносини змітаються
all new-formed relations become antiquated before they can ossify
Всі новосформовані відносини застарівають ще до того, як встигають закостеніти
All that is solid melts into air, and all that is holy is profaned
Усе тверде плавиться в повітрі, а все святе оскверняється

man is at last compelled to face with sober senses, his real conditions of life
Людина, нарешті, змушена тверезо зіткнутися зі своїми справжніми умовами життя
and he is compelled to face his relations with his kind
І він змушений зіткнутися віч-на-віч зі своїм родом

The Bourgeoisie constantly needs to expand its markets for its products
Буржуазії постійно потрібно розширювати ринки збуту своєї продукції
and, because of this, the Bourgeoisie is chased over the whole surface of the globe
і через це буржуазія ганяється по всій поверхні земної кулі
The Bourgeoisie must nestle everywhere, settle everywhere, establish connections everywhere
Буржуазія повинна скрізь гніздитися, скрізь селитися, скрізь налагоджувати зв'язки
The Bourgeoisie must create markets in every corner of the world to exploit
Буржуазія повинна створити ринки в кожному куточку світу
the production and consumption in every country has been given a cosmopolitan character
Виробництву і споживанню в кожній країні надано космополітичний характер
the chagrin of Reactionists is palpable, but it has carried on regardless
розчарування реакціонерів відчутне, але воно триває, незважаючи на
The Bourgeoisie have drawn from under the feet of industry the national ground on which it stood
Буржуазія витягла з-під ніг промисловості національний грунт, на якому вона стояла
all old-established national industries have been destroyed, or are daily being destroyed

Всі старі вітчизняні галузі промисловості були знищені або щодня знищуються

all old-established national industries are dislodged by new industries

Всі старі національні галузі витісняються новими галузями

their introduction becomes a life and death question for all civilised nations

Їх запровадження стає питанням життя і смерті для всіх цивілізованих народів

they are dislodged by industries that no longer work up indigenous raw material

Їх витісняють галузі, які більше не обробляють місцеву сировину

instead, these industries pull raw materials from the remotest zones

Натомість ці галузі тягнуть сировину з найвіддаленіших зон

industries whose products are consumed, not only at home, but in every quarter of the globe

галузі, продукція яких споживається не тільки вдома, але і в будь-якій точці земної кулі

In place of the old wants, satisfied by the productions of the country, we find new wants

На зміну старим бажанням, задоволеним виробництвом країни, ми знаходимо нові бажання

these new wants require for their satisfaction the products of distant lands and climes

Ці нові потреби вимагають для свого задоволення продуктів далеких країн і кліматів

In place of the old local and national seclusion and self-sufficiency, we have trade

Замість старої місцевої та національної самітності та самодостатності ми маємо торгівлю

international exchange in every direction; universal inter-dependence of nations

міжнародний обмін у всіх напрямках; універсальна взаємозалежність націй

and just as we have dependency on materials, so we are dependent on intellectual production

І так само, як ми залежимо від матеріалів, так і ми залежимо від інтелектуального виробництва

The intellectual creations of individual nations become common property

Інтелектуальні творіння окремих народів стають спільним надбанням

National one-sidedness and narrow-mindedness become more and more impossible

Національна однобічність і обмеженість стають все більш неможливими

and from the numerous national and local literatures, there arises a world literature

А з численних національних і місцевих літератур виникає світова література

by the rapid improvement of all instruments of production

швидким удосконаленням всіх інструментів виробництва

by the immensely facilitated means of communication

надзвичайно полегшеними засобами зв'язку

The Bourgeoisie draws all (even the most barbarian nations) into civilisation

Буржуазія втягує в цивілізацію всіх (навіть найбільш варварські нації)

The cheap prices of its commodities; the heavy artillery that batters down all Chinese walls

Дешеві ціни на його товари; важка артилерія, яка руйнує всі китайські стіни

the barbarians' intensely obstinate hatred of foreigners is forced to capitulate

Гостро вперта ненавист варварів до іноземців змушена капітулювати

It compels all nations, on pain of extinction, to adopt the Bourgeoisie mode of production

Вона змушує всі народи під страхом зникнення прийняти буржуазний спосіб виробництва
it compels them to introduce what it calls civilisation into their midst
Вона змушує їх впроваджувати в своє середовище те, що вона називає цивілізацією
The Bourgeoisie force the barbarians to become Bourgeoisie themselves
Буржуазія змушує варварів самим ставати буржуазією
in a word, the Bourgeoisie creates a world after its own image
одним словом, буржуазія створює світ за своїм образом і подобою
The Bourgeoisie has subjected the countryside to the rule of the towns
Буржуазія підпорядкувала сільську місцевість владі міст
It has created enormous cities and greatly increased the urban population
Вона створила величезні міста і значно збільшила міське населення
it rescued a considerable part of the population from the idiocy of rural life
Вона врятувала значну частину населення від ідіотизму сільського життя
but it has made those in the the countryside dependent on the towns
Але це зробило сільську місцевість залежною від міст
and likewise, it has made the barbarian countries dependent on the civilised ones
І так само це зробило варварські країни залежними від цивілізованих
nations of peasants on nations of Bourgeoisie, the East on the West
нації селян на націях буржуазії, Схід на Заході
The Bourgeoisie does away with the scattered state of the population more and more

Буржуазія все більше і більше знищує розпорошений стан населення

It has agglomerated production, and has concentrated property in a few hands

Вона має агломероване виробництво і сконцентрувала власність у кількох руках

The necessary consequence of this was political centralisation

Необхідним наслідком цього стала політична централізація

there had been independent nations and loosely connected provinces

існували незалежні держави і слабо пов'язані між собою провінції

they had separate interests, laws, governments and systems of taxation

У них були окремі інтереси, закони, уряди і системи оподаткування

but they have become lumped together into one nation, with one government

Але вони об'єдналися в один народ з одним урядом

they now have one national class-interest, one frontier and one customs-tariff

Тепер вони мають один національний класовий інтерес, один кордон і один митний тариф

and this national class-interest is unified under one code of law

І цей національний класовий інтерес об'єднаний в одному зводі законів

the Bourgeoisie has achieved much during its rule of scarce one hundred years

буржуазія багато чого досягла за час свого правління дефіцитних ста років

more massive and colossal productive forces than have all preceding generations together

більш масивні і колосальні продуктивні сили, ніж всі попередні покоління разом узяті
Nature's forces are subjugated to the will of man and his machinery
Сили природи підпорядковані волі людини та її механізмів
chemistry is applied to all forms of industry and types of agriculture
Хімія застосовується до всіх форм промисловості та видів сільського господарства
steam-navigation, railways, electric telegraphs, and the printing press
пароплавство, залізниці, електричний телеграф і друкарський верстат
clearing of whole continents for cultivation, canalisation of rivers
розчищення цілих материків для обробітку, каналізування річок
whole populations have been conjured out of the ground and put to work
Цілі популяції були створені з-під землі і змушені працювати
what earlier century had even a presentiment of what could be unleashed?
У якому попередньому столітті було передчуття того, що можна було розв'язати?
who predicted that such productive forces slumbered in the lap of social labour?
Хто передбачив, що такі продуктивні сили дрімають на лоні суспільної праці?

we see then that the means of production and of exchange were generated in feudal society
Отже, ми бачимо, що засоби виробництва і обміну створювалися у феодальному суспільстві

the means of production on whose foundation the Bourgeoisie built itself up
засоби виробництва, на фундаменті яких будувалася буржуазія

At a certain stage in the development of these means of production and of exchange
На певному етапі розвитку цих засобів виробництва і обміну

the conditions under which feudal society produced and exchanged
Умови, в яких феодальне суспільство виробляло і обмінювалося

the feudal organisation of agriculture and manufacturing industry
Феодальна організація сільського господарства і обробної промисловості

the feudal relations of property were no longer compatible with the material conditions
Феодальні відносини власності вже не були сумісні з матеріальними умовами

They had to be burst asunder, so they were burst asunder
Їх треба було розірвати на шматки, тому вони були розірвані на шматки

Into their place stepped free competition from the productive forces
На їх місце прийшла вільна конкуренція з боку продуктивних сил

and they were accompanied by a social and political constitution adapted to it
і супроводжувалися соціально-політичною конституцією, пристосованою до неї

and it was accompanied by the economical and political sway of the Bourgeoisie class
і це супроводжувалося економічним і політичним пануванням класу буржуазії

A similar movement is going on before our own eyes

Подібний рух відбувається на наших очах
Modern Bourgeoisie society with its relations of production, and of exchange, and of property
Сучасне буржуазне суспільство з його виробничими відносинами, обміном і власністю
a society that has conjured up such gigantic means of production and of exchange
суспільство, яке створило такі гігантські засоби виробництва та обміну
it is like the sorcerer who called up the powers of the nether world
Це схоже на чаклуна, який закликав сили нижнього світу
but he is no longer able to control what he has brought into the world
Але він більше не в змозі контролювати те, що приніс у світ
For many a decade past history was tied together by a common thread
Протягом багатьох десятиліть минуле історія була пов'язана спільною ниткою
the history of industry and commerce has been but the history of revolts
Історія промисловості і торгівлі була лише історією повстань
the revolts of modern productive forces against modern conditions of production
Повстання сучасних продуктивних сил проти сучасних умов виробництва
the revolts of modern productive forces against property relations
Повстання сучасних продуктивних сил проти відносин власності
these property relations are the conditions for the existence of the Bourgeoisie
ці відносини власності є умовами існування буржуазії

and the existence of the Bourgeoisie determines the rules for property relations

а існування буржуазії визначає правила відносин власності

it is enough to mention the periodical return of commercial crises

Досить згадати про періодичне повернення комерційних криз

each commercial crisis is more threatening to Bourgeoisie society than the last

кожна комерційна криза є більш загрозливою для буржуазного суспільства, ніж попередня

In these crises a great part of the existing products are destroyed

У цих кризах значна частина існуючої продукції знищується

but these crises also destroy the previously created productive forces

Але ці кризи руйнують і раніше створені продуктивні сили

in all earlier epochs these epidemics would have seemed an absurdity

У всі попередні епохи ці епідемії здавалися б абсурдом

because these epidemics are the commercial crises of over-production

Тому що ці епідемії є комерційними кризами надмірного виробництва

Society suddenly finds itself put back into a state of momentary barbarism

Суспільство раптом опиняється знову в стані миттєвого варварства

as if a universal war of devastation had cut off every means of subsistence

неначе всесвітня спустошлива війна відрізала всі засоби до існування

industry and commerce seem to have been destroyed; and why?

промисловість і торгівля, здається, зруйновані; А чому?
Because there is too much civilisation and means of subsistence
Тому що занадто багато цивілізації і засобів до існування
and because there is too much industry, and too much commerce
І тому, що там занадто багато промисловості і занадто багато торгівлі
The productive forces at the disposal of society no longer develop Bourgeoisie property
Продуктивні сили, що знаходяться в розпорядженні суспільства, вже не розвивають буржуазну власність
on the contrary, they have become too powerful for these conditions, by which they are fettered
Навпаки, вони стали занадто потужними для цих умов, якими вони скуті
as soon as they overcome these fetters, they bring disorder into the whole of Bourgeoisie society
як тільки вони долають ці кайдани, вони вносять безлад у все буржуазне суспільство
and the productive forces endanger the existence of Bourgeoisie property
а продуктивні сили ставлять під загрозу існування власності буржуазії
The conditions of Bourgeoisie society are too narrow to comprise the wealth created by them
Умови буржуазного суспільства занадто вузькі, щоб охопити створене ними багатство
And how does the Bourgeoisie get over these crises?
І як буржуазія долає ці кризи?
On the one hand, it overcomes these crises by the enforced destruction of a mass of productive forces
З одного боку, вона долає ці кризи шляхом насильницького знищення маси продуктивних сил
on the other hand, it overcomes these crises by the conquest of new markets

З іншого боку, вона долає ці кризи шляхом завоювання нових ринків
and it overcomes these crises by the more thorough exploitation of the old forces of production
І вона долає ці кризи шляхом більш ретельного використання старих виробничих сил
That is to say, by paving the way for more extensive and more destructive crises
Іншими словами, прокладаючи шлях до більш масштабних і руйнівних криз
it overcomes the crisis by diminishing the means whereby crises are prevented
Вона долає кризу, зменшуючи засоби, за допомогою яких можна запобігти кризам

The weapons with which the Bourgeoisie felled feudalism to the ground are now turned against itself
Зброя, якою буржуазія валила феодалізм дотла, тепер звернена проти неї самої
But not only has the Bourgeoisie forged the weapons that bring death to itself
Але буржуазія не тільки викувала зброю, яка несе собі смерть
it has also called into existence the men who are to wield those weapons
Вона також покликала до життя людей, які мали володіти цією зброєю
and these men are the modern working class; they are the proletarians
І ці люди є сучасним робітничим класом; Це пролетарі
In proportion as the Bourgeoisie is developed, in the same proportion is the Proletariat developed
У тій мірі, в якій розвинена буржуазія, в такій же мірі розвинений пролетаріат
the modern working class developed a class of labourers
Сучасний робітничий клас сформував клас робітників

this class of labourers live only so long as they find work
Цей клас робітників живе лише до тих пір, поки знаходить роботу

and they find work only so long as their labour increases capital
І вони знаходять роботу лише до тих пір, поки їх праця примножує капітал

These labourers, who must sell themselves piece-meal, are a commodity
Ці робітники, які повинні продавати себе відрядно, є товаром

these labourers are like every other article of commerce
Ці робітники, як і будь-який інший предмет торгівлі

and they are consequently exposed to all the vicissitudes of competition
і, отже, вони піддаються всім мінливостям конкуренції

they have to weather all the fluctuations of the market
Їм доводиться витримувати всі коливання ринку

Owing to the extensive use of machinery and to division of labour
Завдяки широкому використанню машин і поділу праці

the work of the proletarians has lost all individual character
Праця пролетарів втратила будь-який індивідуальний характер

and consequently, the work of the proletarians has lost all charm for the workman
І, отже, праця пролетарів втратила будь-яку чарівність для робітника

He becomes an appendage of the machine, rather than the man he once was
Він стає придатком машини, а не людиною, якою він був колись

only the most simple, monotonous, and most easily acquired knack is required of him
Від нього вимагається тільки найпростіший, одноманітний і найлегше набувається хист

Hence, the cost of production of a workman is restricted
Отже, вартість продукції робітника обмежена

it is restricted almost entirely to the means of subsistence that he requires for his maintenance
Вона майже повністю обмежена засобами існування, які йому потрібні для утримання

and it is restricted to the means of subsistence that he requires for the propagation of his race
і вона обмежена засобами до існування, які потрібні йому для розмноження свого роду

But the price of a commodity, and therefore also of labour, is equal to its cost of production
Але ціна товару, а отже, і праці, дорівнює собівартості його виробництва

In proportion, therefore, as the repulsiveness of the work increases, the wage decreases
Таким чином, пропорційно зі збільшенням відразливості роботи зменшується заробітна плата

Nay, the repulsiveness of his work increases at an even greater rate
Ні, відразливість його творчості зростає ще більшими темпами

as the use of machinery and division of labour increases, so does the burden of toil
Зі збільшенням використання машин і поділу праці зростає і тягар важкої праці

the burden of toil is increased by prolongation of the working hours
Тягар тяжкої праці збільшується за рахунок подовження робочого часу

more is expected of the labourer in the same time as before
Від робітника очікують більшого за той самий час, що й раніше

and of course the burden of the toil is increased by the speed of the machinery

І, звичайно ж, тягар важкої праці збільшується за рахунок швидкості машин

Modern industry has converted the little workshop of the patriarchal master into the great factory of the industrial capitalist

Сучасна промисловість перетворила маленьку майстерню патріархального майстра на велику фабрику промислового капіталіста

Masses of labourers, crowded into the factory, are organised like soldiers

Маси робітників, що скупчилися на фабриці, організовані, як солдати

As privates of the industrial army they are placed under the command of a perfect hierarchy of officers and sergeants

Як рядові промислової армії, вони підпорядковуються досконалій ієрархії офіцерів і сержантів

they are not only the slaves of the Bourgeoisie class and State

вони є не тільки рабами класу буржуазії і держави

but they are also daily and hourly enslaved by the machine

Але вони також щодня і щогодини поневолені машиною

they are enslaved by the over-looker, and, above all, by the individual Bourgeoisie manufacturer himself

вони поневолені наглядачем і, перш за все, окремим буржуазним фабрикантом

The more openly this despotism proclaims gain to be its end and aim, the more petty, the more hateful and the more embittering it is

Чим відвертіше цей деспотизм проголошує вигоду своєю метою і метою, чим дріб'язковіший, тим ненависніший і озлобленіший він

the more modern industry becomes developed, the lesser are the differences between the sexes

Чим більше розвивається сучасна промисловість, тим менше відмінностей між статями

The less the skill and exertion of strength implied in manual labour, the more is the labour of men superseded by that of women

Чим менше майстерність і напруга сили, притаманні ручній праці, тим більше праця чоловіків витісняється працею жінок

Differences of age and sex no longer have any distinctive social validity for the working class

Відмінності у віці та статі більше не мають особливого соціального значення для робітничого класу

All are instruments of labour, more or less expensive to use, according to their age and sex

Всі вони є знаряддями праці, більш-менш дорогими у використанні, відповідно до свого віку та статі

as soon as the labourer receives his wages in cash, than he is set upon by the other portions of the Bourgeoisie

як тільки робітник отримує свою платню готівкою, то його встановлюють інші частини буржуазії

the landlord, the shopkeeper, the pawnbroker, etc

орендодавець, крамар, ломбард тощо

The lower strata of the middle class; the small trades people and shopkeepers

Нижчі верстви середнього класу; дрібні торговці та крамарі

the retired tradesmen generally, and the handicraftsmen and peasants

ремісники-пенсіонери в цілому, а також ремісники і селяни

all these sink gradually into the Proletariat

всі вони поступово занурюються в пролетаріат

partly because their diminutive capital does not suffice for the scale on which Modern Industry is carried on

частково тому, що їх мініатюрного капіталу недостатньо для тих масштабів, в яких ведеться сучасна промисловість

and because it is swamped in the competition with the large capitalists

І тому, що вона загрузла в конкуренції з великими капіталістами
partly because their specialized skill is rendered worthless by the new methods of production
Почасти тому, що нові методи виробництва знецінюють їхню спеціалізовану майстерність
Thus the Proletariat is recruited from all classes of the population
Таким чином, пролетаріат набирається з усіх верств населення
The Proletariat goes through various stages of development
Пролетаріат проходить різні стадії розвитку
With its birth begins its struggle with the Bourgeoisie
З його народженням починається боротьба з буржуазією
At first the contest is carried on by individual labourers
Спочатку конкурс проводиться індивідуальними робітниками
then the contest is carried on by the workpeople of a factory
Потім конкурс проводять робітники фабрики
then the contest is carried on by the operatives of one trade, in one locality
Потім конкурс проводять працівники одного промислу, в одному населеному пункті
and the contest is then against the individual Bourgeoisie who directly exploits them
і тоді змагання йде проти окремої буржуазії, яка безпосередньо їх експлуатує
They direct their attacks not against the Bourgeoisie conditions of production
Вони спрямовують свої атаки не проти буржуазних умов виробництва
but they direct their attack against the instruments of production themselves
Але вони спрямовують свою атаку проти самих знарядь виробництва
they destroy imported wares that compete with their labour

Вони знищують імпортні товари, які конкурують з їхньою працею

they smash to pieces machinery and they set factories ablaze

Вони розбивають на друзки техніку і підпалюють заводи

they seek to restore by force the vanished status of the workman of the Middle Ages

вони прагнуть силою відновити зниклий статус робітника Середньовіччя

At this stage the labourers still form an incoherent mass scattered over the whole country

На цьому етапі робітники все ще утворюють незв'язну масу, розкидану по всій країні

and they are broken up by their mutual competition

І вони розбиті взаємною конкуренцією

If anywhere they unite to form more compact bodies, this is not yet the consequence of their own active union

Якщо де-небудь вони об'єднуються, утворюючи більш компактні тіла, то це ще не є наслідком їх власного активного об'єднання

but it is a consequence of the union of the Bourgeoisie, to attain its own political ends

але вона є наслідком об'єднання буржуазії для досягнення її власних політичних цілей

the Bourgeoisie is compelled to set the whole Proletariat in motion

буржуазія змушена привести в рух весь пролетаріат

and moreover, for a time being, the Bourgeoisie is able to do so

і більше того, на деякий час буржуазія здатна це зробити

At this stage, therefore, the proletarians do not fight their enemies

Тому на цьому етапі пролетарі не борються зі своїми ворогами

but instead they are fighting the enemies of their enemies

Але замість цього вони борються з ворогами своїх ворогів

the fight the remnants of absolute monarchy and the landowners
боротьба із залишками абсолютної монархії і поміщиками
they fight the non-industrial Bourgeoisie; the petty Bourgeoisie
вони борються з непромисловою буржуазією; дрібна буржуазія
Thus the whole historical movement is concentrated in the hands of the Bourgeoisie
Таким чином, весь історичний рух зосереджений в руках буржуазії
every victory so obtained is a victory for the Bourgeoisie
кожна здобута таким чином перемога є перемогою буржуазії
But with the development of industry the Proletariat not only increases in number
Але з розвитком промисловості пролетаріат не тільки збільшується в чисельності
the Proletariat becomes concentrated in greater masses and its strength grows
Пролетаріат концентрується у великих масах, і його сила зростає
and the Proletariat feels that strength more and more
і пролетаріат все більше і більше відчуває цю силу
The various interests and conditions of life within the ranks of the Proletariat are more and more equalised
Різні інтереси і умови життя в рядах пролетаріату все більше зрівнюються
they become more in proportion as machinery obliterates all distinctions of labour
Вони стають все більш пропорційними в міру того, як машини стирають всі відмінності в праці
and machinery nearly everywhere reduces wages to the same low level

І машинобудування майже повсюди знижує заробітну плату до такого ж низького рівня

The growing competition among the Bourgeoisie, and the resulting commercial crises, make the wages of the workers ever more fluctuating

Зростаюча конкуренція серед буржуазії і пов'язані з нею комерційні кризи призводять до того, що заробітна плата робітників стає все більш коливається

The unceasing improvement of machinery, ever more rapidly developing, makes their livelihood more and more precarious

Невпинне вдосконалення машин, що все швидше розвивається, робить їх існування все більш і більш нестабільним

the collisions between individual workmen and individual Bourgeoisie take more and more the character of collisions between two classes

зіткнення між окремими робітниками і окремою буржуазією все більше і більше набувають характеру зіткнень між двома класами

Thereupon the workers begin to form combinations (Trades Unions) against the Bourgeoisie

Після цього робітники починають створювати об'єднання (профспілки) проти буржуазії

they club together in order to keep up the rate of wages

Вони об'єднуються, щоб підтримувати рівень заробітної плати

they found permanent associations in order to make provision beforehand for these occasional revolts

Вони заснували постійні об'єднання, щоб заздалегідь подбати про ці випадкові повстання

Here and there the contest breaks out into riots

То тут, то там змагання переростає в заворушення

Now and then the workers are victorious, but only for a time

Час від часу робітники перемагають, але лише на деякий час

The real fruit of their battles lies, not in the immediate result, but in the ever-expanding union of the workers
Справжні плоди їх боротьби полягають не в негайному результаті, а в постійно зростаючій профспілці робітників

This union is helped on by the improved means of communication that are created by modern industry
Цьому союзу сприяють удосконалені засоби зв'язку, створені сучасною промисловістю

modern communication places the workers of different localities in contact with one another
Сучасний зв'язок змушує працівників різних населених пунктів контактувати один з одним

It was just this contact that was needed to centralise the numerous local struggles into one national struggle between classes
Саме цей контакт був потрібен, щоб централізувати численні місцеві змагання в єдину національну боротьбу між класами

all of these struggles are of the same character, and every class struggle is a political struggle
Всі ці види боротьби мають однаковий характер, і будь-яка класова боротьба є політичною боротьбою

the burghers of the Middle Ages, with their miserable highways, required centuries to form their unions
міщани середньовіччя з їхніми жалюгідними магістралями потребували століть, щоб утворити свої союзи

the modern proletarians, thanks to railways, achieve their unions within a few years
Сучасні пролетарі, завдяки залізницям, досягають своїх союзів протягом декількох років

This organisation of the proletarians into a class consequently formed them into a political party
Ця організація пролетарів у клас згодом сформувала з них політичну партію

the political class is continually being upset again by the competition between the workers themselves

Політичний клас знову засмучує конкуренція між самими робітниками

But the political class continues to rise up again, stronger, firmer, mightier

Але політичний клас продовжує підніматися знову, сильніше, міцніше, могутніше

It compels legislative recognition of particular interests of the workers

Це змушує законодавчо визнавати особливі інтереси трудящих

it does this by taking advantage of the divisions among the Bourgeoisie itself

вона робить це, користуючись розбіжностями між самою буржуазією

Thus the ten-hours' bill in England was put into law

Таким чином, в Англії був прийнятий законопроект про 10 годин

in many ways the collisions between the classes of the old society further is the course of development of the Proletariat

багато в чому зіткнення між класами старого суспільства є подальшим ходом розвитку пролетаріату

The Bourgeoisie finds itself involved in a constant battle

Буржуазія виявляється втягнутою в постійну боротьбу

At first it will find itself involved in a constant battle with the aristocracy

Спочатку вона виявиться втягнутою в постійну боротьбу з аристократією

later on it will find itself involved in a constant battle with those portions of the Bourgeoisie itself

пізніше вона виявиться втягнутою в постійну боротьбу з тими частинами самої буржуазії

and their interests will have become antagonistic to the progress of industry
і їхні інтереси стануть антагоністичними до прогресу промисловості
at all times, their interests will have become antagonistic with the Bourgeoisie of foreign countries
У всі часи їхні інтереси ставали антагоністичними з буржуазією чужих країн
In all these battles it sees itself compelled to appeal to the Proletariat, and asks for its help
У всіх цих битвах вона вважає себе змушеною звернутися до пролетаріату і просить його допомоги
and thus, it will feel compelled to drag it into the political arena
І таким чином вона відчує себе змушеною витягнути її на політичну арену
The Bourgeoisie itself, therefore, supplies the Proletariat with its own instruments of political and general education
Буржуазія, таким чином, постачає пролетаріат власними знаряддями політичного і загального виховання
in other words, it furnishes the Proletariat with weapons for fighting the Bourgeoisie
іншими словами, вона постачає пролетаріат зброєю для боротьби з буржуазією
Further, as we have already seen, entire sections of the ruling classes are precipitated into the Proletariat
Далі, як ми вже бачили, цілі верстви правлячих класів витісняються в пролетаріат
the advance of industry sucks them into the Proletariat
розвиток промисловості засмоктує їх у пролетаріат
or, at least, they are threatened in their conditions of existence
або, принаймні, їм загрожує небезпека в умовах свого існування
These also supply the Proletariat with fresh elements of enlightenment and progress

Вони також постачають пролетаріат свіжими елементами просвітництва і прогресу

Finally, in times when the class struggle nears the decisive hour

Нарешті, в часи, коли класова боротьба наближається до вирішальної години

the process of dissolution going on within the ruling class

процес розпаду, що відбувається всередині правлячого класу

in fact, the dissolution going on within the ruling class will be felt within the whole range of society

Фактично розпад, що відбувається всередині правлячого класу, буде відчутний у всьому суспільстві

it will take on such a violent, glaring character, that a small section of the ruling class cuts itself adrift

Вона набуде такого жорстокого, кричущого характеру, що невелика частина правлячого класу відірветься від неї

and that ruling class will join the revolutionary class

І цей правлячий клас приєднається до революційного класу

the revolutionary class being the class that holds the future in its hands

Революційний клас - це клас, який тримає майбутнє в своїх руках

Just as at an earlier period, a section of the nobility went over to the Bourgeoisie

Так само, як і в більш ранній період, частина дворянства перейшла до буржуазії

the same way a portion of the Bourgeoisie will go over to the Proletariat

так само частина буржуазії перейде до пролетаріату

in particular, a portion of the Bourgeoisie will go over to a portion of the Bourgeoisie ideologists

зокрема, частина буржуазії перейде до частини ідеологів буржуазії

Bourgeoisie ideologists who have raised themselves to the level of comprehending theoretically the historical movement as a whole
ідеологи буржуазії, які піднялися до рівня теоретичного осмислення історичного руху в цілому

Of all the classes that stand face to face with the Bourgeoisie today, the Proletariat alone is a really revolutionary class
З усіх класів, які стоять сьогодні віч-на-віч з буржуазією, тільки пролетаріат є справді революційним класом

The other classes decay and finally disappear in the face of Modern Industry
Інші класи занепадають і, нарешті, зникають перед обличчям сучасної промисловості

the Proletariat is its special and essential product
Пролетаріат є його особливим і необхідним продуктом

The lower middle class, the small manufacturer, the shopkeeper, the artisan, the peasant
Нижчий середній клас, дрібний фабрикант, крамар, ремісник, селянин

all these fight against the Bourgeoisie
всі вони борються з буржуазією

they fight as fractions of the middle class to save themselves from extinction
Вони борються як фракції середнього класу, щоб врятувати себе від вимирання

They are therefore not revolutionary, but conservative
Тому вони не революційні, а консервативні

Nay more, they are reactionary, for they try to roll back the wheel of history
Більше того, вони реакційні, бо намагаються відкотити колесо історії назад

If by chance they are revolutionary, they are so only in view of their impending transfer into the Proletariat
Якщо випадково вони революційні, то тільки з огляду на майбутній перехід до пролетаріату

they thus defend not their present, but their future interests

Таким чином, вони захищають не свої теперішні, а майбутні інтереси
they desert their own standpoint to place themselves at that of the Proletariat
вони відмовляються від власної точки зору, щоб поставити себе на позицію пролетаріату
The "dangerous class," the social scum, that passively rotting mass thrown off by the lowest layers of old society
«Небезпечний клас», соціальні покидьки, ця пасивно гниюча маса, скинута найнижчими верствами старого суспільства
they may, here and there, be swept into the movement by a proletarian revolution
То тут, то там вони можуть бути втягнуті в рух пролетарською революцією
its conditions of life, however, prepare it far more for the part of a bribed tool of reactionary intrigue
Однак умови її життя набагато більше готують її до ролі підкупленого знаряддя реакційних інтриг
In the conditions of the Proletariat, those of old society at large are already virtually swamped
В умовах пролетаріату старе суспільство в цілому вже практично затоплене
The proletarian is without property
Пролетар без власності
his relation to his wife and children has no longer anything in common with the Bourgeoisie's family-relations
його стосунки з дружиною і дітьми вже не мають нічого спільного з родинними стосунками буржуазії
modern industrial labour, modern subjection to capital, the same in England as in France, in America as in Germany
сучасна індустріальна праця, сучасне підпорядкування капіталу, те ж саме в Англії, як у Франції, так і в Америці, як і в Німеччині
his condition in society has stripped him of every trace of national character

Його становище в суспільстві позбавило його будь-яких слідів національного характеру

Law, morality, religion, are to him so many Bourgeoisie prejudices

Право, мораль, релігія є для нього багатьма буржуазними забобонами

and behind these prejudices lurk in ambush just as many Bourgeoisie interests

і за цими забобонами ховаються в засідці так само, як і за інтересами буржуазії

All the preceding classes that got the upper hand, sought to fortify their already acquired status

Всі попередні класи, які взяли гору, прагнули зміцнити свій вже набутий статус

they did this by subjecting society at large to their conditions of appropriation

Вони робили це, підкоряючи суспільство в цілому своїм умовам привласнення

The proletarians cannot become masters of the productive forces of society

Пролетарі не можуть стати господарями продуктивних сил суспільства

it can only do this by abolishing their own previous mode of appropriation

Вона може зробити це, лише скасувавши свій власний попередній спосіб привласнення

and thereby it also abolishes every other previous mode of appropriation

і тим самим скасовує будь-який інший попередній спосіб привласнення

They have nothing of their own to secure and to fortify

У них немає нічого свого, щоб забезпечити і зміцнити

their mission is to destroy all previous securities for, and insurances of, individual property

Їхня місія полягає в тому, щоб знищити всі попередні цінні папери та страхування індивідуального майна

All previous historical movements were movements of minorities
Всі попередні історичні рухи були рухами меншин
or they were movements in the interests of minorities
або це були рухи в інтересах меншин
The proletarian movement is the self-conscious, independent movement of the immense majority
Пролетарський рух - це самосвідомий, незалежний рух величезної більшості
and it is a movement in the interests of the immense majority
І це рух в інтересах величезної більшості
The Proletariat, the lowest stratum of our present society
Пролетаріат, найнижчий прошарок сучасного суспільства
it cannot stir or raise itself up without the whole superincumbent strata of official society being sprung into the air
Вона не може здійнятися чи піднятися без того, щоб у повітря не піднялися всі надрівні верстви офіційного суспільства
Though not in substance, yet in form, the struggle of the Proletariat with the Bourgeoisie is at first a national struggle
Хоч і не по суті, але за формою, боротьба пролетаріату з буржуазією спочатку є національною боротьбою
The Proletariat of each country must, of course, first of all settle matters with its own Bourgeoisie
Пролетаріат кожної країни повинен, звичайно, перш за все залагоджувати справи зі своєю буржуазією
In depicting the most general phases of the development of the Proletariat, we traced the more or less veiled civil war
Зображуючи найзагальніші фази розвитку пролетаріату, ми простежували більш-менш завуальовану громадянську війну
this civil is raging within existing society
Ця громадянська вирує в існуючому суспільстві

it will rage up to the point where that war breaks out into open revolution
Вона лютуватиме до того моменту, поки ця війна не перероте у відкриту революцію
and then the violent overthrow of the Bourgeoisie lays the foundation for the sway of the Proletariat
і тоді насильницьке повалення буржуазії закладає основу для панування пролетаріату

Hitherto, every form of society has been based, as we have already seen, on the antagonism of oppressing and oppressed classes
Досі будь-яка форма суспільства ґрунтувалася, як ми вже бачили, на антагонізмі пригноблених і пригноблених класів
But in order to oppress a class, certain conditions must be assured to it
Але для того, щоб пригнобити клас, йому повинні бути забезпечені певні умови
the class must be kept under conditions in which it can, at least, continue its slavish existence
Клас повинен утримуватися в умовах, в яких він може принаймні продовжувати своє рабське існування
The serf, in the period of serfdom, raised himself to membership in the commune
Кріпак в період кріпацтва піднявся до членства в комуні
just as the petty Bourgeoisie, under the yoke of feudal absolutism, managed to develop into a Bourgeoisie
так само, як дрібна буржуазія під гнітом феодального абсолютизму зуміла перетворитися на буржуазію
The modern labourer, on the contrary, instead of rising with the progress of industry, sinks deeper and deeper
Сучасний робітник, навпаки, замість того, щоб підніматися разом з прогресом промисловості, занурюється все глибше і глибше
he sinks below the conditions of existence of his own class

Він опускається нижче умов існування власного класу
He becomes a pauper, and pauperism develops more rapidly than population and wealth
Він стає жебраком, і пауперизм розвивається швидше, ніж населення і багатство
And here it becomes evident, that the Bourgeoisie is unfit any longer to be the ruling class in society
І тут стає очевидним, що буржуазія вже непридатна для того, щоб бути панівним класом у суспільстві
and it is unfit to impose its conditions of existence upon society as an over-riding law
І він непридатний нав'язувати суспільству свої умови існування як найвищий закон
It is unfit to rule because it is incompetent to assure an existence to its slave within his slavery
Вона непридатна до правління, тому що вона неспроможна забезпечити існування своєму рабові в його рабстві
because it cannot help letting him sink into such a state, that it has to feed him, instead of being fed by him
Тому що вона не може не допустити, щоб вона занурилася в такий стан, що вона повинна її годувати, а не годувати нею
Society can no longer live under this Bourgeoisie
Суспільство вже не може жити під владою цієї буржуазії
in other words, its existence is no longer compatible with society
Іншими словами, його існування вже не сумісне з суспільством

The essential condition for the existence, and for the sway of the Bourgeoisie class, is the formation and augmentation of capital
Необхідною умовою існування і панування класу буржуазії є формування і примноження капіталу
the condition for capital is wage-labour

Умовою капіталу є наймана праця
Wage-labour rests exclusively on competition between the labourers
Наймана праця ґрунтується виключно на конкуренції між робітниками
The advance of industry, whose involuntary promoter is the Bourgeoisie, replaces the isolation of the labourers
Прогрес промисловості, мимовільним поштовхом якої є буржуазія, замінює ізоляцію робітників
due to competition, due to their revolutionary combination, due to association
завдяки конкуренції, завдяки їх революційному поєднанню, завдяки асоціаціям
The development of Modern Industry cuts from under its feet the very foundation on which the Bourgeoisie produces and appropriates products
Розвиток сучасної промисловості вириває з-під ніг той самий фундамент, на якому буржуазія виробляє і привласнює продукцію
What the Bourgeoisie produces, above all, is its own grave-diggers
Буржуазія виробляє, перш за все, власних могильників
The fall of the Bourgeoisie and the victory of the Proletariat are equally inevitable
Падіння буржуазії і перемога пролетаріату однаково неминучі

- Proletarians and Communists -
Пролетарі і комуністи

In what relation do the Communists stand to the proletarians as a whole?

У якому відношенні комуністи ставляться до пролетарів в цілому?

The Communists do not form a separate party opposed to other working-class parties

Комуністи не утворюють окремої партії, що протистоїть іншим партіям робітничого класу

They have no interests separate and apart from those of the proletariat as a whole

У них немає інтересів, відокремлених і відокремлених від інтересів пролетаріату в цілому

They do not set up any sectarian principles of their own, by which to shape and mould the proletarian movement

Вони не встановлюють жодних власних сектантських принципів, за допомогою яких можна було б формувати і формувати пролетарський рух

The Communists are distinguished from the other working-class parties by only two things

Комуністів відрізняють від інших робітничих партій лише дві речі

Firstly, they point out and bring to the front the common interests of the entire proletariat, independently of all nationality

По-перше, вони вказують і виносять на перший план спільні інтереси всього пролетаріату, незалежно від будь-якої національності

this they do in the national struggles of the proletarians of the different countries

Це вони роблять у національній боротьбі пролетарів різних країн

Secondly, they always and everywhere represent the interests of the movement as a whole

По-друге, вони завжди і скрізь представляють інтереси руху в цілому

this they do in the various stages of development, which the struggle of the working class against the Bourgeoisie has to pass through

це вони роблять на різних стадіях розвитку, через які повинна пройти боротьба робітничого класу проти буржуазії

The Communists, therefore, are on the one hand, practically, the most advanced and resolute section of the working-class parties of every country

Таким чином, комуністи, з одного боку, практично є найбільш розвиненою і рішучою частиною робітничих партій будь-якої країни

they are that section of the working class which pushes forward all others

Вони є тією частиною робітничого класу, яка виштовхує вперед всіх інших

theoretically, they also have the advantage of clearly understanding the line of march

Теоретично вони також мають перевагу в тому, що чітко розуміють лінію маршу

this they understand better compared the great mass of the proletariat

Це вони розуміють краще в порівнянні з величезною масою пролетаріату

they understand the conditions, and the ultimate general results of the proletarian movement

Вони розуміють умови і кінцеві загальні результати пролетарського руху

The immediate aim of the Communist is the same as that of all the other proletarian parties

Безпосередня мета комуністичної партії така ж, як і всіх інших пролетарських партій

their aim is the formation of the proletariat into a class

Їх мета - формування пролетаріату в клас

they aim to overthrow the Bourgeoisie supremacy
вони мають на меті повалити панування буржуазії
the strive for the conquest of political power by the proletariat
прагнення до завоювання політичної влади пролетаріатом

The theoretical conclusions of the Communists are in no way based on ideas or principles of reformers
Теоретичні висновки комуністів жодним чином не ґрунтуються на ідеях чи принципах реформаторів
it wasn't would-be universal reformers that invented or discovered the theoretical conclusions of the Communists
не майбутні універсальні реформатори винайшли і не відкрили теоретичні висновки комуністів
They merely express, in general terms, actual relations springing from an existing class struggle
Вони лише в загальних рисах виражають дійсні відносини, що випливають з існуючої класової боротьби
and they describe the historical movement going on under our very eyes that have created this class struggle
І вони описують історичний рух, що відбувався на наших очах і породив цю класову боротьбу
The abolition of existing property relations is not at all a distinctive feature of Communism
Скасування існуючих відносин власності зовсім не є відмінною рисою комунізму
All property relations in the past have continually been subject to historical change
Всі відносини власності в минулому постійно піддавалися історичним змінам
and these changes were consequent upon the change in historical conditions
І ці зміни були наслідком зміни історичних умов
The French Revolution, for example, abolished feudal property in favour of Bourgeoisie property

Французька революція, наприклад, скасувала феодальну власність на користь власності буржуазії

The distinguishing feature of Communism is not the abolition of property, generally

Відмінною рисою комунізму є не знищення власності в цілому

but the distinguishing feature of Communism is the abolition of Bourgeoisie property

але відмінною рисою комунізму є скасування буржуазної власності

But modern Bourgeoisie private property is the final and most complete expression of the system of producing and appropriating products

Але сучасна буржуазна приватна власність є остаточним і найбільш повним вираженням системи виробництва і привласнення продукції

it is the final state of a system that is based on class antagonisms, where class antagonism is the exploitation of the many by the few

Це остаточний стан системи, заснованої на класових антагонізмах, де класовий антагонізм є експлуатацією багатьох небагатьма

In this sense, the theory of the Communists may be summed up in the single sentence; the Abolition of private property

У цьому сенсі теорію комуністів можна підсумувати одним реченням; Скасування приватної власності

We Communists have been reproached with the desire of abolishing the right of personally acquiring property

Нам, комуністам, дорікали бажанням скасувати право особисто набувати власність

it is claimed that this property is the fruit of a man's own labour

Стверджується, що ця власність є плодом власної праці людини

and this property is alleged to be the groundwork of all personal freedom, activity and independence.

І ця власність нібито є основою всієї особистої свободи, активності та незалежності.

"Hard-won, self-acquired, self-earned property!"

«Важко завойоване, власноруч нажите майно!»

Do you mean the property of the petty artisan and of the small peasant?

Ви маєте на увазі майно дрібного ремісника і дрібного селянина?

Do you mean a form of property that preceded the Bourgeoisie form?

Ви маєте на увазі форму власності, яка передувала буржуазній?

There is no need to abolish that, the development of industry has to a great extent already destroyed it

Скасовувати це не потрібно, розвиток промисловості значною мірою вже зруйнував її

and development of industry is still destroying it daily

А розвиток промисловості досі руйнує її щодня

Or do you mean modern Bourgeoisie private property?

Чи ви маєте на увазі сучасну буржуазію, приватну власність?

But does wage-labour create any property for the labourer?

Але чи створює наймана праця якусь власність для робітника?

no, wage labour creates not one bit of this kind of property!

Ні, наймана праця не створює ні крихти такої власності!

what wage labour does create is capital; that kind of property which exploits wage-labour

те, що створює наймана праця, є капіталом; Така власність, яка експлуатує найману працю

capital cannot increase except upon condition of begetting a new supply of wage-labour for fresh exploitation

Капітал не може зростати інакше, як за умови створення нової пропозиції найманої праці для нової експлуатації

Property, in its present form, is based on the antagonism of capital and wage-labour

Власність в її нинішньому вигляді заснована на антагонізмі капіталу і найманої праці

Let us examine both sides of this antagonism

Розглянемо обидві сторони цього антагонізму

To be a capitalist is to have not only a purely personal status

Бути капіталістом - значить мати не тільки суто особистий статус

instead, to be a capitalist is also to have a social status in production

Натомість, бути капіталістом означає також мати соціальний статус у виробництві

because capital is a collective product; only by the united action of many members can it be set in motion

тому що капітал є колективним продуктом; Тільки спільними діями багатьох членів вона може бути приведена в рух

but this united action is a last resort, and actually requires all members of society

Але ця об'єднана дія є крайнім заходом і фактично вимагає всіх членів суспільства

Capital does get converted into the property of all members of society

Капітал перетворюється на власність усіх членів суспільства

but Capital is, therefore, not a personal power; it is a social power

але Капітал, отже, не є особистою силою; Це соціальна сила

so when capital is converted into social property, personal property is not thereby transformed into social property

Отже, коли капітал перетворюється на суспільну власність, особиста власність тим самим не перетворюється на суспільну власність

It is only the social character of the property that is changed, and loses its class-character

Змінюється лише соціальний характер власності, яка втрачає свій класовий характер

Let us now look at wage-labour
Розглянемо тепер найману працю

The average price of wage-labour is the minimum wage, i.e., that quantum of the means of subsistence
Середня ціна найманої праці - це мінімальна заробітна плата, т. Е. Величина засобів існування

this wage is absolutely requisite in bare existence as a labourer
Ця заробітна плата абсолютно необхідна для існування робітника

What, therefore, the wage-labourer appropriates by means of his labour, merely suffices to prolong and reproduce a bare existence
Отже, того, що найманий робітник привласнює своєю працею, достатньо лише для того, щоб продовжити і відтворити голе існування

We by no means intend to abolish this personal appropriation of the products of labour
Ми ні в якому разі не маємо наміру скасовувати це особисте привласнення продуктів праці

an appropriation that is made for the maintenance and reproduction of human life
асигнування, яке робиться для підтримки та відтворення людського життя

such personal appropriation of the products of labour leave no surplus wherewith to command the labour of others
Таке особисте привласнення продуктів праці не залишає надлишку, за допомогою якого можна було б керувати працею інших

All that we want to do away with, is the miserable character of this appropriation
Все, що ми хочемо покінчити, це жалюгідний характер цього привласнення

the appropriation under which the labourer lives merely to increase capital
привласнення, за яким робітник живе лише для того, щоб примножити капітал

he is allowed to live only in so far as the interest of the ruling class requires it
Йому дозволено жити лише в тій мірі, в якій цього вимагають інтереси правлячого класу

In Bourgeoisie society, living labour is but a means to increase accumulated labour
У буржуазному суспільстві жива праця є лише засобом збільшення нагромадженої праці

In Communist society, accumulated labour is but a means to widen, to enrich, to promote the existence of the labourer
У комуністичному суспільстві нагромаджена праця є лише засобом розширення, збагачення, сприяння існуванню робітника

In Bourgeoisie society, therefore, the past dominates the present
Тому в буржуазному суспільстві минуле домінує над сьогоденням

in Communist society the present dominates the past
в комуністичному суспільстві сьогодення домінує над минулим

In Bourgeoisie society capital is independent and has individuality
У буржуазному суспільстві капітал незалежний і має індивідуальність

In Bourgeoisie society the living person is dependent and has no individuality
У буржуазному суспільстві жива людина залежна і не має індивідуальності

And the abolition of this state of things is called by the Bourgeoisie, abolition of individuality and freedom!
І скасування такого стану речей буржуазія називає скасуванням індивідуальності і свободи!

And it is rightly called the abolition of individuality and freedom!

І це по праву називають скасуванням індивідуальності і свободи!

Communism aims for the abolition of Bourgeoisie individuality

Комунізм прагне знищити буржуазну індивідуальність

Communism intends for the abolition of Bourgeoisie independence

Комунізм має намір скасувати незалежність буржуазії

Bourgeoisie freedom is undoubtedly what communism is aiming at

Свобода буржуазії, безсумнівно, є тим, до чого прагне комунізм

under the present Bourgeoisie conditions of production, freedom means free trade, free selling and buying

в сучасних умовах виробництва буржуазії свобода означає вільну торгівлю, вільний продаж і купівлю

But if selling and buying disappears, free selling and buying also disappears

Але якщо зникає продаж і купівля, зникає і вільний продаж і купівля

"brave words" by the Bourgeoisie about free selling and buying only have meaning in a limited sense

«Сміливі слова» буржуазії про вільну купівлю мають значення лише в обмеженому значенні

these words have meaning only in contrast with restricted selling and buying

Ці слова мають значення лише на відміну від обмеженого продажу та купівлі

and these words have meaning only when applied to the fettered traders of the Middle Ages

і ці слова мають значення лише тоді, коли застосовуються до закутих у кайдани торговців Середньовіччя

and that assumes these words even have meaning in a Bourgeoisie sense

і це припускає, що ці слова навіть мають значення в буржуазному сенсі

but these words have no meaning when they're being used to oppose the Communistic abolition of buying and selling

але ці слова не мають ніякого значення, коли вони використовуються для протистояння комуністичному скасуванню купівлі-продажу

the words have no meaning when they're being used to oppose the Bourgeoisie conditions of production being abolished

ці слова не мають ніякого значення, коли вони використовуються для протистояння скасуванню буржуазних умов виробництва

and they have no meaning when they're being used to oppose the Bourgeoisie itself being abolished

і вони не мають ніякого сенсу, коли використовуються для того, щоб виступити проти скасування самої буржуазії

You are horrified at our intending to do away with private property

Ви в жаху від того, що ми маємо намір покінчити з приватною власністю

But in your existing society, private property is already done away with for nine-tenths of the population

Але в нинішньому суспільстві з приватною власністю вже покінчено дев'ять десятих населення

the existence of private property for the few is solely due to its non-existence in the hands of nine-tenths of the population

Існування приватної власності для небагатьох пов'язане виключно з її відсутністю в руках дев'яти десятих населення

You reproach us, therefore, with intending to do away with a form of property

Отже, ви дорікаєте нам у тому, що ми маємо намір покінчити з якоюсь власністю

but private property necessitates the non-existence of any property for the immense majority of society
Але приватна власність зумовлює необхідність відсутності будь-якої власності для переважної більшості суспільства
In one word, you reproach us with intending to do away with your property
Одним словом, ви дорікаєте нам у тому, що ми маємо намір покінчити з вашим майном
And it is precisely so; doing away with your Property is just what we intend
І це саме так; Покінчити з вашим Майном – це саме те, що ми маємо намір

From the moment when labour can no longer be converted into capital, money, or rent
З того моменту, коли праця вже не може бути перетворена ні в капітал, ні в гроші, ні в ренту
when labour can no longer be converted into a social power capable of being monopolised
коли праця вже не може бути перетворена на соціальну силу, здатну до монополізації
from the moment when individual property can no longer be transformed into Bourgeoisie property
з того моменту, коли індивідуальна власність вже не може бути перетворена на власність буржуазії
from the moment when individual property can no longer be transformed into capital
з того моменту, коли індивідуальна власність вже не може бути перетворена в капітал
from that moment, you say individuality vanishes
З цього моменту ви говорите, що індивідуальність зникає
You must, therefore, confess that by "individual" you mean no other person than the Bourgeoisie
Отже, ви повинні визнати, що під словом «індивідуум» ви маєте на увазі не що інше, як буржуазію

you must confess it specifically refers to the middle-class owner of property
Погодьтеся, йдеться саме про власника майна середнього класу
This person must, indeed, be swept out of the way, and made impossible
Справді, цю людину треба змести з дороги і зробити неможливою
Communism deprives no man of the power to appropriate the products of society
Комунізм не позбавляє жодну людину можливості привласнювати продукти суспільства
all that Communism does is to deprive him of the power to subjugate the labour of others by means of such appropriation
все, що робить комунізм, це позбавляє його можливості підкоряти собі чужу працю за допомогою такого привласнення

It has been objected that upon the abolition of private property all work will cease
Було висловлено заперечення, що після скасування приватної власності будь-яка робота припиниться
and it is then suggested that universal laziness will overtake us
І тоді висловлюється припущення, що нас наздожене загальна лінь
According to this, Bourgeoisie society ought long ago to have gone to the dogs through sheer idleness
Згідно з цим, буржуазне суспільство вже давно повинно було піти на собак через суцільне неробство
because those of its members who work, acquire nothing
Тому що ті з її членів, які працюють, нічого не набувають
and those of its members who acquire anything, do not work
А ті з її членів, які щось набувають, не працюють

The whole of this objection is but another expression of the tautology
Все це заперечення є лише ще одним виразом тавтології
there can no longer be any wage-labour when there is no longer any capital
Більше не може бути ніякої найманої праці, коли вже немає капіталу
there is no difference between material products and mental products
Немає різниці між матеріальними і ментальними продуктами
communism proposes both of these are produced in the same way
Комунізм припускає, що і те, і інше виробляється однаково
but the objections against the Communistic modes of producing these are the same
але заперечення проти комуністичних способів їх виробництва ті самі
to the Bourgeoisie the disappearance of class property is the disappearance of production itself
для буржуазії зникнення класової власності - це зникнення самого виробництва
so the disappearance of class culture is to him identical with the disappearance of all culture
Отже, зникнення класової культури для нього тотожне зникненню всієї культури
That culture, the loss of which he laments, is for the enormous majority a mere training to act as a machine
Ця культура, втрата якої він оплакує, для переважної більшості є простим навчанням діяти як машина
Communists very much intend to abolish the culture of Bourgeoisie property
Комуністи мають намір знищити культуру буржуазної власності

But don't wrangle with us so long as you apply the standard of your Bourgeoisie notions of freedom, culture, law, etc
Але не сперечайтеся з нами, поки ви застосовуєте стандарти своїх буржуазних уявлень про свободу, культуру, право тощо
Your very ideas are but the outgrowth of the conditions of your Bourgeoisie production and Bourgeoisie property
Самі ваші ідеї є лише наслідком умов вашого буржуазного виробництва і буржуазної власності
just as your jurisprudence is but the will of your class made into a law for all
Так само, як ваша юриспруденція є лише волею вашого класу, перетвореною на закон для всіх
the essential character and direction of this will are determined by the economical conditions your social class create
Сутнісний характер і спрямованість цієї волі визначаються економічними умовами, які створює ваш соціальний клас

The selfish misconception that induces you to transform social forms into eternal laws of nature and of reason
Егоїстична помилка, яка спонукає вас перетворювати соціальні форми на вічні закони природи та розуму
the social forms springing from your present mode of production and form of property
суспільні форми, що випливають з нинішнього способу виробництва і форми власності
historical relations that rise and disappear in the progress of production
історичні зв'язки, що виникають і зникають у процесі виробництва
this misconception you share with every ruling class that has preceded you
Цю хибну думку ви поділяєте з кожним правлячим класом, який був до вас

What you see clearly in the case of ancient property, what you admit in the case of feudal property
Те, що ви ясно бачите у випадку стародавньої власності, що ви визнаєте у випадку з феодальною власністю

these things you are of course forbidden to admit in the case of your own Bourgeoisie form of property
ці речі вам, звичайно, заборонено визнавати у випадку вашої власної буржуазної форми власності

Abolition of the family! Even the most radical flare up at this infamous proposal of the Communists
Скасування сім'ї! Навіть найрадикальніші спалахують від цієї сумнозвісної пропозиції комуністів

On what foundation is the present family, the Bourgeoisie family, based?
На якому фундаменті ґрунтується нинішня сім'я, сім'я буржуазії?

the foundation of the present family is based on capital and private gain
Основа нинішньої сім'ї ґрунтується на капіталі та приватній вигоді

In its completely developed form this family exists only among the Bourgeoisie
У цілком розвиненому вигляді це сімейство існує тільки у буржуазії

this state of things finds its complement in the practical absence of the family among the proletarians
Такий стан речей знаходить своє доповнення в практичній відсутності сім'ї у пролетарів

this state of things can be found in public prostitution
Такий стан речей можна зустріти в публічній проституції

The Bourgeoisie family will vanish as a matter of course when its complement vanishes
Буржуазна сім'я зникне як само собою зрозуміле, коли зникне її доповнення

and both of these will will vanish with the vanishing of capital
І обидві вони зникнуть зі зникненням капіталу
Do you charge us with wanting to stop the exploitation of children by their parents?
Ви звинувачуєте нас у бажанні зупинити експлуатацію дітей їхніми батьками?
To this crime we plead guilty
У цьому злочині ми визнаємо себе винними
But, you will say, we destroy the most hallowed of relations, when we replace home education by social education
Але, скажете ви, ми руйнуємо найсвятіші відносини, коли замінюємо домашнє виховання соціальним вихованням
is your education not also social? And is it not determined by the social conditions under which you educate?
Ваша освіта не також соціальна? І хіба це не визначається соціальними умовами, в яких ви виховуєтеся?
by the intervention, direct or indirect, of society, by means of schools, etc.
шляхом втручання, прямого чи опосередкованого, суспільства, за допомогою шкіл тощо.
The Communists have not invented the intervention of society in education
Комуністи не винайшли втручання суспільства в освіту
they do but seek to alter the character of that intervention
Вони лише прагнуть змінити характер цього втручання
and they seek to rescue education from the influence of the ruling class
І вони прагнуть врятувати освіту від впливу правлячого класу
The Bourgeoisie talk of the hallowed co-relation of parent and child
Буржуазія говорить про священні стосунки батьків і дітей
but this clap-trap about the family and education becomes all the more disgusting when we look at Modern Industry

але ця балаканина про сім'ю та освіту стає ще огиднішою, коли ми дивимося на сучасну індустрію

all family ties among the proletarians are torn asunder by modern industry

Всі родинні зв'язки пролетарів розриваються сучасною промисловістю

their children are transformed into simple articles of commerce and instruments of labour

Їхні діти перетворюються на прості предмети торгівлі та знаряддя праці

But you Communists would create a community of women, screams the whole Bourgeoisie in chorus

Але ви, комуністи, створили б спільноту жінок, кричить хором уся буржуазія

The Bourgeoisie sees in his wife a mere instrument of production

Буржуазія бачить у своїй дружині лише знаряддя виробництва

He hears that the instruments of production are to be exploited by all

Він чує, що знаряддя виробництва повинні використовуватися всіма

and, naturally, he can come to no other conclusion than that the lot of being common to all will likewise fall to women

I, природно, він не може прийти до іншого висновку, крім того, що доля бути спільним для всіх також випаде жінкам

He has not even a suspicion that the real point is to do away with the status of women as mere instruments of production

Він навіть не підозрює, що справжня мета полягає в тому, щоб покінчити зі статусом жінки як простого знаряддя виробництва

For the rest, nothing is more ridiculous than the virtuous indignation of our Bourgeoisie at the community of women

Для решти немає нічого безглуздішого, ніж доброчесне обурення нашої буржуазії спільнотою жінок

they pretend it is to be openly and officially established by the Communists

вони вдають, що вона має бути відкрито і офіційно встановлена комуністами

The Communists have no need to introduce community of women, it has existed almost from time immemorial

У комуністів немає потреби запроваджувати жіночу спільноту, вона існувала майже з незапам'ятних часів

Our Bourgeoisie are not content with having the wives and daughters of their proletarians at their disposal

Наша буржуазія не задовольняється тим, що має в своєму розпорядженні дружин і дочок своїх пролетарів

they take the greatest pleasure in seducing each other's wives

Найбільше задоволення вони отримують, спокушаючи дружин один одного

and that is not even to speak of common prostitutes

І це вже не кажучи про звичайних повій

Bourgeoisie marriage is in reality a system of wives in common

Буржуазний шлюб насправді є системою спільних дружин

then there is one thing that the Communists might possibly be reproached with

Крім того, є одна річ, в якій комуністам можна дорікнути

they desire to introduce an openly legalised community of women

Вони хочуть запровадити відверто легалізовану спільноту жінок

rather than a hypocritically concealed community of women

а не лицемірно прихована спільнота жінок

the community of women springing from the system of production

Спільнота жінок, що випливає з системи виробництва

abolish the system of production, and you abolish the community of women

Скасуйте систему виробництва, і ви знищите спільноту жінок
both public prostitution is abolished, and private prostitution
Скасовується як публічна проституція, так і приватна

The Communists are further more reproached with desiring to abolish countries and nationality
Комуністам ще більше дорікають у прагненні скасувати країни та національність
The working men have no country, so we cannot take from them what they have not got
Трудящі не мають батьківщини, тому ми не можемо відібрати у них те, чого вони не отримали
the proletariat must first of all acquire political supremacy
Пролетаріат повинен перш за все придбати політичне панування
the proletariat must rise to be the leading class of the nation
Пролетаріат повинен стати провідним класом нації
the proletariat must constitute itself the nation
Пролетаріат повинен становити націю
it is, so far, itself national, though not in the Bourgeoisie sense of the word
вона поки що сама по собі національна, хоча й не в буржуазному розумінні цього слова
National differences and antagonisms between peoples are daily more and more vanishing
Національні відмінності і антагонізми між народами з кожним днем все більше і більше зникають
owing to the development of the Bourgeoisie, to freedom of commerce, to the world-market
завдяки розвитку буржуазії, свободі торгівлі, світовому ринку
to uniformity in the mode of production and in the conditions of life corresponding thereto

до одноманітності в способі виробництва і в відповідних йому умовах життя

The supremacy of the proletariat will cause them to vanish still faster

Панування пролетаріату призведе до того, що вони зникнуть ще швидше

United action, of the leading civilised countries at least, is one of the first conditions for the emancipation of the proletariat

Об'єднані дії, принаймні провідних цивілізованих країн, є однією з перших умов емансипації пролетаріату

In proportion as the exploitation of one individual by another is put an end to, the exploitation of one nation by another will also be put an end to

У тій мірі, в якій буде покладено край експлуатації однієї нації іншою, буде покладено край експлуатації однієї нації іншою

In proportion as the antagonism between classes within the nation vanishes, the hostility of one nation to another will come to an end

У міру того, як зникає антагонізм між класами всередині нації, ворожість однієї нації до іншої припиняється

The charges against Communism made from a religious, a philosophical, and, generally, from an ideological standpoint, are not deserving of serious examination

Звинувачення проти комунізму, висунуті з релігійної, філософської і, взагалі, ідеологічної точки зору, не заслуговують серйозного розгляду

Does it require deep intuition to comprehend that man's ideas, views and conceptions changes with every change in the conditions of his material existence?

Чи потрібна глибока інтуїція, щоб збагнути, що ідеї, погляди та концепції людини змінюються з кожною зміною умов її матеріального існування?

is it not obvious that man's consciousness changes when his social relations and his social life changes?
Хіба не очевидно, що свідомість людини змінюється при зміні її суспільних відносин і суспільного життя?

What else does the history of ideas prove, than that intellectual production changes its character in proportion as material production is changed?
Що ще доводить історія ідей, як не те, що інтелектуальне виробництво змінює свій характер пропорційно до того, як змінюється матеріальне виробництво?

The ruling ideas of each age have ever been the ideas of its ruling class
Правлячими ідеями кожної епохи завжди були ідеї її правлячого класу

When people speak of ideas that revolutionise society, they do but express one fact
Коли люди говорять про ідеї, які революціонізують суспільство, вони висловлюють лише один факт

within the old society, the elements of a new one have been created
У старому суспільстві створені елементи нового

and that the dissolution of the old ideas keeps even pace with the dissolution of the old conditions of existence
і що розчинення старих ідей йде в ногу з розчиненням старих умов існування

When the ancient world was in its last throes, the ancient religions were overcome by Christianity
Коли стародавній світ переживав останні муки, стародавні релігії були переможені християнством

When Christian ideas succumbed in the 18th century to rationalist ideas, feudal society fought its death battle with the then revolutionary Bourgeoisie
Коли в XVIII столітті християнські ідеї піддалися раціоналістичним ідеям, феодальне суспільство вступило в смертельну боротьбу з революційною на той час буржуазією

The ideas of religious liberty and freedom of conscience merely gave expression to the sway of free competition within the domain of knowledge
Ідеї релігійної свободи і свободи совісті лише виражали вплив вільної конкуренції в області знань

"Undoubtedly," it will be said, "religious, moral, philosophical and juridical ideas have been modified in the course of historical development"
«Безсумнівно, - скажуть вони, - релігійні, моральні, філософські та правові ідеї видозмінювалися в ході історичного розвитку»

"But religion, morality philosophy, political science, and law, constantly survived this change"
«Але релігія, філософія моралі, політологія і право постійно переживали цю зміну»

"There are also eternal truths, such as Freedom, Justice, etc"
«Є також вічні істини, такі як Свобода, Справедливість тощо»

"these eternal truths are common to all states of society"
"Ці вічні істини є спільними для всіх станів суспільства"

"But Communism abolishes eternal truths, it abolishes all religion, and all morality"
«Але комунізм скасовує вічні істини, він скасовує будь-яку релігію і всю мораль»

"it does this instead of constituting them on a new basis"
«Вона робить це замість того, щоб конституювати їх на новій основі»

"it therefore acts in contradiction to all past historical experience"
«Отже, вона діє всупереч усьому минулому історичному досвіду»

What does this accusation reduce itself to?
До чого зводиться це звинувачення?

The history of all past society has consisted in the development of class antagonisms

Історія всього минулого суспільства полягала в розвитку класових антагонізмів

antagonisms that assumed different forms at different epochs

антагонізми, які в різні епохи набували різних форм

But whatever form they may have taken, one fact is common to all past ages

Але яку б форму вони не приймали, один факт є спільним для всіх минулих віків

the exploitation of one part of society by the other

експлуатація однієї частини суспільства іншою

No wonder, then, that the social consciousness of past ages moves within certain common forms, or general ideas

Тож не дивно, що суспільна свідомість минулих епох рухається в межах певних загальних форм, загальних уявлень

(and that is despite all the multiplicity and variety it displays)

(і це незважаючи на всю множинність і різноманітність, яку він демонструє)

and these cannot completely vanish except with the total disappearance of class antagonisms

І вони не можуть повністю зникнути інакше, як з повним зникненням класових антагонізмів

The Communist revolution is the most radical rupture with traditional property relations

Комуністична революція є найрадикальнішим розривом традиційних відносин власності

no wonder that its development involves the most radical rupture with traditional ideas

Не дивно, що її розвиток пов'язаний з найрадикальнішим розривом з традиційними уявленнями

But let us have done with the Bourgeoisie objections to Communism

Але покінчимо з буржуазними запереченнями проти комунізму

We have seen above the first step in the revolution by the working class

Вище ми бачили перший крок робітничого класу в революції

proletariat has to be raised to the position of ruling, to win the battle of democracy

Пролетаріат повинен бути піднятий до правлячого становища, щоб виграти битву за демократію

The proletariat will use its political supremacy to wrest, by degrees, all capital from the Bourgeoisie

Пролетаріат буде використовувати своє політичне панування, щоб поступово вирвати весь капітал у буржуазії

it will centralise all instruments of production in the hands of the State

він централізує всі знаряддя виробництва в руках держави

in other words, the proletariat organised as the ruling class

Іншими словами, пролетаріат організувався як панівний клас

and it will increase the total of productive forces as rapidly as possible

І це дозволить максимально швидко збільшити сукупність продуктивних сил

Of course, in the beginning, this cannot be effected except by means of despotic inroads on the rights of property

Звичайно, на початку цього не можна досягти інакше, як за допомогою деспотичних посягань на права власності

and it has to be achieved on the conditions of Bourgeoisie production

і це має бути досягнуто на умовах буржуазного виробництва

it is achieved by means of measures, therefore, which appear economically insufficient and untenable

Тому вона досягається за допомогою заходів, які виявляються економічно недостатніми і неспроможними
but these means, in the course of the movement, outstrip themselves
Але ці засоби в ході руху випереджають самі себе
they necessitate further inroads upon the old social order
Вони зумовлюють необхідність подальшого втручання в старий суспільний лад
and they are unavoidable as a means of entirely revolutionising the mode of production
і вони неминучі як засіб цілковитої революції в способі виробництва
These measures will of course be different in different countries
Звичайно, ці заходи будуть різними в різних країнах
Nevertheless in the most advanced countries, the following will be pretty generally applicable
Тим не менш, у найбільш розвинених країнах наступне буде досить загальнозастосовним

1. Abolition of property in land and application of all rents of land to public purposes.
1. Скасування власності на землю і застосування всіх земельних рент на суспільні потреби.
2. A heavy progressive or graduated income tax.
2. Великий прогресивний або градуйований прибутковий податок.
3. Abolition of all right of inheritance.
3. Скасування будь-якого права на спадщину.
4. Confiscation of the property of all emigrants and rebels.
4. Конфіскація майна всіх емігрантів і бунтівників.
5. Centralisation of credit in the hands of the State, by means of a national bank with State capital and an exclusive monopoly.

5. Централізація кредиту в руках держави за допомогою національного банку з державним капіталом і виключною монополією.
6. Centralisation of the means of communication and transport in the hands of the State.
6. Централізація засобів зв'язку і транспорту в руках держави.
7. Extension of factories and instruments of production owned by the State
7. Розширення фабрик і знарядь виробництва, що належать державі
the bringing into cultivation of waste-lands, and the improvement of the soil generally in accordance with a common plan.
залучення в обробіток пустирів і поліпшення ґрунту в цілому відповідно до загального плану.
8. Equal liability of all to labour
8. Рівна відповідальність усіх перед працею
Establishment of industrial armies, especially for agriculture.
Створення промислових армій, особливо для сільського господарства.
9. Combination of agriculture with manufacturing industries
9. Поєднання сільського господарства з обробною промисловістю
gradual abolition of the distinction between town and country, by a more equable distribution of the population over the country.
поступове скасування відмінностей між містом і селом шляхом більш рівномірного розподілу населення по країні.
10. Free education for all children in public schools.
10. Безкоштовна освіта для всіх дітей у державних школах.
Abolition of children's factory labour in its present form
Скасування дитячої фабричної праці в її нинішньому вигляді

Combination of education with industrial production
Поєднання освіти з промисловим виробництвом

When, in the course of development, class distinctions have disappeared
Коли в процесі розвитку класові відмінності зникали
and when all production has been concentrated in the hands of a vast association of the whole nation
і коли все виробництво було зосереджено в руках величезного об'єднання цілого народу
then the public power will lose its political character
Тоді публічна влада втратить свій політичний характер
Political power, properly so called, is merely the organised power of one class for oppressing another
Політична влада, власне так називається, є лише організованою владою одного класу для пригноблення іншого
If the proletariat during its contest with the Bourgeoisie is compelled, by the force of circumstances, to organise itself as a class
Якщо пролетаріат під час змагання з буржуазією змушений силою обставин організуватися як клас
if, by means of a revolution, it makes itself the ruling class
Якщо за допомогою революції вона зробить себе панівним класом
and, as such, it sweeps away by force the old conditions of production
І, як така, вона силою змітає старі умови виробництва
then it will, along with these conditions, have swept away the conditions for the existence of class antagonisms and of classes generally
Тоді вона, разом з цими умовами, змете умови існування класових антагонізмів і класів взагалі
and will thereby have abolished its own supremacy as a class.
і, таким чином, скасує своє власне верховенство як класу.

In place of the old Bourgeoisie society, with its classes and class antagonisms, we shall have an association
На зміну старому буржуазному суспільству з його класами і класовими антагонізмами ми отримаємо асоціацію
an association in which the free development of each is the condition for the free development of all
об'єднання, в якому вільний розвиток кожного є умовою вільного розвитку всіх

1) Reactionary Socialism
1) Реакційний соціалізм

***

a) Feudal Socialism
а) Феодальний соціалізм

the aristocracies of France and England had a unique historical position
аристократії Франції та Англії мали унікальне історичне становище

it became their vocation to write pamphlets against modern Bourgeoisie society
Їхнім покликанням стало написання памфлетів проти сучасного буржуазного суспільства

In the French revolution of July 1830, and in the English reform agitation
У Французькій революції липня 1830 р. і в англійській реформаторській агітації

these aristocracies again succumbed to the hateful upstart
Ці аристократії знову піддалися ненависному вискочці

Thenceforth, a serious political contest was altogether out of the question
Відтоді про серйозну політичну боротьбу взагалі не могло бути й мови

All that remained possible was literary battle, not an actual battle
Все, що залишалося можливим, це літературна битва, а не справжня битва

But even in the domain of literature the old cries of the restoration period had become impossible
Але навіть у царині літератури старі крики періоду Реставрації стали неможливими

In order to arouse sympathy, the aristocracy were obliged to lose sight, apparently, of their own interests

Щоб викликати симпатію, аристократія була змушена випустити з поля зору, мабуть, власні інтереси
and they were obliged to formulate their indictment against the Bourgeoisie in the interest of the exploited working class
і вони були зобов'язані сформулювати своє обвинувачення проти буржуазії в інтересах експлуатованого робітничого класу
Thus the aristocracy took their revenge by singing lampoons on their new master
Таким чином, аристократія помстилася, оспівавши свого нового господаря світильниками
and they took their revenge by whispering in his ears sinister prophecies of coming catastrophe
І вони помстилися, нашіптуючи йому на вухо зловісні пророцтва про прийдешню катастрофу
In this way arose Feudal Socialism: half lamentation, half lampoon
Так виник феодальний соціалізм: наполовину плач, наполовину наклеп
it rung as half echo of the past, and projected half menace of the future
Він дзвенів як наполовину відлуння минулого, а наполовину проектував загрозу майбутнього
at times, by its bitter, witty and incisive criticism, it struck the Bourgeoisie to the very heart's core
часом своєю гострою, дотепною і гострою критикою вона вражала буржуазію до глибини душі
but it was always ludicrous in its effect, through total incapacity to comprehend the march of modern history
Але вона завжди була безглуздою за своїм впливом, через цілковиту нездатність осягнути хід новітньої історії
The aristocracy, in order to rally the people to them, waved the proletarian alms-bag in front for a banner
Аристократія, щоб згуртувати народ до себе, розмахувала пролетарською милостинею перед прапором

But the people, so often as it joined them, saw on their hindquarters the old feudal coats of arms
Але народ так часто, як тільки він приєднувався до нього, бачив на своїх задніх кінцівках старі феодальні герби
and they deserted with loud and irreverent laughter
І вони дезертирували з гучним і нешанобливим сміхом
One section of the French Legitimists and "Young England" exhibited this spectacle
Одна з секцій французьких легітимістів і «Молода Англія» демонструвала це видовище
the feudalists pointed out that their mode of exploitation was different to that of the Bourgeoisie
феодали вказували на те, що їх спосіб експлуатації відрізняється від буржуазії
the feudalists forget that they exploited under circumstances and conditions that were quite different
Феодали забувають, що вони експлуатували в зовсім інших обставинах і умовах
and they didn't notice such methods of exploitation are now antiquated
І вони не помітили, що такі методи експлуатації вже застаріли
they showed that, under their rule, the modern proletariat never existed
Вони показали, що при їх правлінні сучасного пролетаріату ніколи не існувало
but they forget that the modern Bourgeoisie is the necessary offspring of their own form of society
але вони забувають, що сучасна буржуазія є необхідним нащадком їх власної форми суспільства
For the rest, they hardly conceal the reactionary character of their criticism
В іншому вони навряд чи приховують реакційний характер своєї критики
their chief accusation against the Bourgeoisie amounts to the following

їх головне звинувачення на адресу буржуазії зводиться до наступного

under the Bourgeoisie regime a social class is being developed

при буржуазному режимі формується соціальний клас

this social class is destined to cut up root and branch the old order of society

Цьому соціальному класу судилося викорінити і розгалужити старий суспільний лад

What they upbraid the Bourgeoisie with is not so much that it creates a proletariat

Вони докоряють буржуазії не стільки тим, що вона створює пролетаріат

what they upbraid the Bourgeoisie with is moreso that it creates a revolutionary proletariat

Вони докоряють буржуазії тим більше, що вона створює революційний пролетаріат

In political practice, therefore, they join in all coercive measures against the working class

Тому в політичній практиці вони приєднуються до всіх примусових заходів проти робітничого класу

and in ordinary life, despite their highfalutin phrases, they stoop to pick up the golden apples dropped from the tree of industry

І в звичайному житті, незважаючи на свої високі фрази, вони нахиляються, щоб підняти золоті яблука, що впали з дерева промисловості

and they barter truth, love, and honour for commerce in wool, beetroot-sugar, and potato spirits

І вони обмінюють правду, любов і честь на торгівлю вовною, буряковим цукром і картопляними спиртними напоями

As the parson has ever gone hand in hand with the landlord, so has Clerical Socialism with Feudal Socialism

Як парсон завжди йшов рука об руку з поміщиком, так і клерикальний соціалізм з феодальним соціалізмом

Nothing is easier than to give Christian asceticism a Socialist tinge
Немає нічого простішого, ніж надати християнському аскетизму соціалістичного відтінку
Has not Christianity declaimed against private property, against marriage, against the State?
Хіба християнство не виступало проти приватної власності, проти шлюбу, проти держави?
Has Christianity not preached in the place of these, charity and poverty?
Хіба християнство не проповідувало замість них милосердя і бідності?
Does Christianity not preach celibacy and mortification of the flesh, monastic life and Mother Church?
Хіба християнство не проповідує целібат і умертвіння плоті, чернече життя і Матір-Церкву?
Christian Socialism is but the holy water with which the priest consecrates the heart-burnings of the aristocrat
Християнський соціалізм – це лише свята вода, якою священик освячує палаючі серця аристократа

b) Petty-Bourgeois Socialism
б) дрібнобуржуазний соціалізм

The feudal aristocracy was not the only class that was ruined by the Bourgeoisie
Феодальна аристократія була не єдиним класом, який був розорений буржуазією
it was not the only class whose conditions of existence pined and perished in the atmosphere of modern Bourgeoisie society
це був не єдиний клас, умови існування якого загинули і загинули в атмосфері сучасного буржуазного суспільства
The medieval burgesses and the small peasant proprietors were the precursors of the modern Bourgeoisie
Середньовічні міщани і дрібні селяни-власники були попередниками сучасної буржуазії
In those countries which are but little developed, industrially and commercially, these two classes still vegetate side by side
У тих країнах, які мало розвинені в індустріальному і комерційному плані, ці два класи все ще живуть поруч
and in the meantime the Bourgeoisie rise up next to them: industrially, commercially, and politically
а тим часом поряд з ними повстає буржуазія: і промислова, і комерційна, і політична
In countries where modern civilisation has become fully developed, a new class of petty Bourgeoisie has been formed
У країнах, де сучасна цивілізація стала всебічно розвиненою, сформувався новий клас дрібної буржуазії
this new social class fluctuates between proletariat and Bourgeoisie
цей новий соціальний клас коливається між пролетаріатом і буржуазією
and it is ever renewing itself as a supplementary part of Bourgeoisie society

і вона постійно відновлюється як додаткова частина буржуазного суспільства

The individual members of this class, however, are being constantly hurled down into the proletariat

Окремі представники цього класу, однак, постійно кидаються в пролетаріат

they are sucked up by the proletariat through the action of competition

Вони всмоктуються пролетаріатом через конкуренцію

as modern industry develops they even see the moment approaching when they will completely disappear as an independent section of modern society

У міру розвитку сучасної промисловості вони навіть бачать наближення моменту, коли вони повністю зникнуть як самостійна частина сучасного суспільства

they will be replaced, in manufactures, agriculture and commerce, by overlookers, bailiffs and shopmen

На зміну їм у виробництві, сільському господарстві та торгівлі прийдуть наглядачі, судові пристави та крамарі

In countries like France, where the peasants constitute far more than half of the population

У таких країнах, як Франція, де селяни становлять набагато більше половини населення

it was natural that there there are writers who sided with the proletariat against the Bourgeoisie

природно, що є письменники, які стали на бік пролетаріату проти буржуазії

in their criticism of the Bourgeoisie regime they used the standard of the peasant and petty Bourgeoisie

у своїй критиці буржуазного режиму вони використовували прапор селянської і дрібної буржуазії

and from the standpoint of these intermediate classes they take up the cudgels for the working class

І з точки зору цих проміжних класів вони беруть на себе відповідальність за робітничий клас

Thus arose petty-Bourgeoisie Socialism, of which Sismondi was the head of this school, not only in France but also in England
Так виник дрібнобуржуазний соціалізм, главою якого був Сісмонді не тільки у Франції, але і в Англії

This school of Socialism dissected with great acuteness the contradictions in the conditions of modern production
Ця школа соціалізму з великою гостротою препарувала протиріччя в умовах сучасного виробництва

This school laid bare the hypocritical apologies of economists
Ця школа викрила лицемірні вибачення економістів

This school proved, incontrovertibly, the disastrous effects of machinery and division of labour
Ця школа незаперечно довела згубні наслідки машин і поділу праці

it proved the concentration of capital and land in a few hands
Це довело концентрацію капіталу і землі в небагатьох руках

it proved how overproduction leads to Bourgeoisie crises
доведено, як перевиробництво призводить до буржуазних криз

it pointed out the inevitable ruin of the petty Bourgeoisie and peasant
вона вказувала на неминучу загибель дрібної буржуазії і селянина

the misery of the proletariat, the anarchy in production, the crying inequalities in the distribution of wealth
злидні пролетаріату, анархія у виробництві, кричуща нерівність у розподілі багатства

it showed how the system of production leads the industrial war of extermination between nations
Вона показала, як система виробництва веде промислову війну на винищення між націями

the dissolution of old moral bonds, of the old family relations, of the old nationalities
Розпад старих моральних уз, старих сімейних відносин, старих народностей

In its positive aims, however, this form of Socialism aspires to achieve one of two things
Однак у своїх позитивних цілях ця форма соціалізму прагне досягти однієї з двох речей

either it aims to restore the old means of production and of exchange
або він спрямований на відновлення старих засобів виробництва та обміну

and with the old means of production it would restore the old property relations, and the old society
А зі старими засобами виробництва вона відновила б старі відносини власності і старе суспільство

or it aims to cramp the modern means of production and exchange into the old framework of the property relations
або вона має на меті втиснути сучасні засоби виробництва та обміну в старі рамки відносин власності

In either case, it is both reactionary and Utopian
У будь-якому випадку вона одночасно і реакційна, і утопічна

Its last words are: corporate guilds for manufacture, patriarchal relations in agriculture
Останні його слова: корпоративні гільдії для виробництва, патріархальні відносини в сільському господарстві

Ultimately, when stubborn historical facts had dispersed all intoxicating effects of self-deception
Врешті-решт, коли вперті історичні факти розвіяли всі п'янкі наслідки самообману

this form of Socialism ended in a miserable fit of pity
ця форма соціалізму закінчилася жалюгідним поривом жалю

c) German, or "True" Socialism
в) німецький, або «істинний» соціалізм

The Socialist and Communist literature of France originated under the pressure of a Bourgeoisie in power
Соціалістична і комуністична література Франції зародилася під тиском буржуазії, що перебувала при владі

and this literature was the expression of the struggle against this power
І ця література була вираженням боротьби проти цієї влади

it was introduced into Germany at a time when the Bourgeoisie had just begun its contest with feudal absolutism
вона була введена в Німеччину в той час, коли буржуазія тільки починала боротьбу з феодальним абсолютизмом

German philosophers, would-be philosophers, and beaux esprits, eagerly seized on this literature
Німецькі філософи, майбутні філософи і красуні-еспріти жадібно хапалися за цю літературу

but they forgot that the writings immigrated from France into Germany without bringing the French social conditions along
але вони забули, що твори іммігрували з Франції до Німеччини, не принісши з собою французьких соціальних умов

In contact with German social conditions, this French literature lost all its immediate practical significance
У зіткненні з німецькими соціальними умовами ця французька література втратила все своє безпосереднє практичне значення

and the Communist literature of France assumed a purely literary aspect in German academic circles
а комуністична література Франції в німецьких академічних колах набула суто літературного аспекту

Thus, the demands of the first French Revolution were nothing more than the demands of "Practical Reason"
Таким чином, вимоги першої Французької революції були нічим іншим, як вимогами «практичного розуму»

and the utterance of the will of the revolutionary French Bourgeoisie signified in their eyes the law of pure Will
і виголошення волі революційної французької буржуазії означало в їхніх очах закон чистої волі

it signified Will as it was bound to be; of true human Will generally
це означало Волю такою, якою вона повинна була бути; справжньої людської волі взагалі

The world of the German literati consisted solely in bringing the new French ideas into harmony with their ancient philosophical conscience
Світ німецьких літераторів полягав виключно в тому, щоб привести нові французькі ідеї у відповідність з їх давньою філософською свідомістю

or rather, they annexed the French ideas without deserting their own philosophic point of view
точніше, вони анексували французькі ідеї, не відмовляючись від власної філософської точки зору

This annexation took place in the same way in which a foreign language is appropriated, namely, by translation
Ця анексія відбулася в той самий спосіб, у який привласнюється іноземна мова, а саме шляхом перекладу

It is well known how the monks wrote silly lives of Catholic Saints over manuscripts
Добре відомо, як монахи писали безглузді житія католицьких святих над рукописами

the manuscripts on which the classical works of ancient heathendom had been written
рукописи, на яких були написані класичні твори стародавнього язичництва

The German literati reversed this process with the profane French literature

Німецькі літератори змінили цей процес за допомогою профанної французької літератури
They wrote their philosophical nonsense beneath the French original
Вони писали свою філософську нісенітницю під французьким оригіналом
For instance, beneath the French criticism of the economic functions of money, they wrote "Alienation of Humanity"
Наприклад, під французькою критикою економічних функцій грошей вони написали «Відчуження людства»
beneath the French criticism of the Bourgeoisie State they wrote "dethronement of the Category of the General"
під французькою критикою буржуазної держави писали «скинення з престолу категорії генерала»
The introduction of these philosophical phrases at the back of the French historical criticisms they dubbed:
Введення цих філософських фраз на задній план французької історичної критики, яку вони охрестили:
"Philosophy of Action," "True Socialism," "German Science of Socialism," "Philosophical Foundation of Socialism," and so on
«Філософія дії», «Істинний соціалізм», «Німецька наука про соціалізм», «Філософська основа соціалізму» тощо
The French Socialist and Communist literature was thus completely emasculated
Таким чином, французька соціалістична і комуністична література була повністю вихолощена
in the hands of the German philosophers it ceased to express the struggle of one class with the other
в руках німецьких філософів вона перестала виражати боротьбу одного класу з іншим
and so the German philosophers felt conscious of having overcome "French one-sidedness"
і тому німецькі філософи відчували, що подолали «французьку однобічність»

it did not have to represent true requirements, rather, it represented requirements of truth
Вона не повинна була представляти істинні вимоги, скоріше, вона представляла вимоги істини

there was no interest in the proletariat, rather, there was interest in Human Nature
не було інтересу до пролетаріату, скоріше, був інтерес до людської природи

the interest was in Man in general, who belongs to no class, and has no reality
інтерес був до людини взагалі, яка не належить до жодного класу і не має реальності

a man who exists only in the misty realm of philosophical fantasy
Людина, яка існує лише в туманному царстві філософської фантазії

but eventually this schoolboy German Socialism also lost its pedantic innocence
але врешті-решт цей школяр німецький соціалізм також втратив свою педантичну невинність

the German Bourgeoisie, and especially the Prussian Bourgeoisie fought against feudal aristocracy
німецька буржуазія і особливо прусська буржуазія боролися проти феодальної аристократії

the absolute monarchy of Germany and Prussia was also being faught against
проти абсолютної монархії Німеччини та Пруссії також протистояли

and in turn, the literature of the liberal movement also became more earnest
І, в свою чергу, література ліберального руху також стала більш серйозною

Germany's long wished-for opportunity for "true" Socialism was offered
Німеччина отримала довгоочікувану можливість для «справжнього» соціалізму

the opportunity of confronting the political movement with the Socialist demands

можливість протистояння політичного руху соціалістичним вимогам

the opportunity of hurling the traditional anathemas against liberalism

можливість кинути традиційні анафеми проти лібералізму

the opportunity to attack representative government and Bourgeoisie competition

можливість нападати на представницький уряд і конкуренцію буржуазії

Bourgeoisie freedom of the press, Bourgeoisie legislation, Bourgeoisie liberty and equality

Буржуазія свобода друку, буржуазне законодавство, буржуазія свобода і рівність

all of these could now be critiqued in the real world, rather than in fantasy

Все це тепер можна критикувати в реальному світі, а не в фантазіях

feudal aristocracy and absolute monarchy had long preached to the masses

Феодальна аристократія і абсолютна монархія здавна проповідували широким масам

"the working man has nothing to lose, and he has everything to gain"

«Трудящій людині нема чого втрачати, і вона має все, щоб здобути»

the Bourgeoisie movement also offered a chance to confront these platitudes

буржуазний рух також давав шанс протистояти цим банальностям

the French criticism presupposed the existence of modern Bourgeoisie society

французька критика припускала існування сучасного буржуазного суспільства

Bourgeoisie economic conditions of existence and Bourgeoisie political constitution

Економічні умови існування буржуазії та політичний устрій буржуазії

the very things whose attainment was the object of the pending struggle in Germany

ті самі речі, досягнення яких було предметом майбутньої боротьби в Німеччині

Germany's silly echo of socialism abandoned these goals just in the nick of time

Безглузде відлуння соціалізму в Німеччині відкинуло ці цілі в найкоротші терміни

the absolute governments had their following of parsons, professors, country squires and officials

Абсолютні уряди мали своїх послідовників у складі парсонсів, професорів, сільських сквайрів і чиновників

the government of the time met the German working-class risings with floggings and bullets

тодішній уряд зустрів повстання німецького робітничого класу побиттям і кулями

for them this socialism served as a welcome scarecrow against the threatening Bourgeoisie

Цей соціалізм служив для них бажаним опудалом проти загрозливої буржуазії

and the German government was able to offer a sweet dessert after the bitter pills it handed out

і німецький уряд зміг запропонувати солодкий десерт після гірких пігулок, які він роздавав

this "True" Socialism thus served the governments as a weapon for fighting the German Bourgeoisie

Таким чином, цей «істинний» соціалізм служив урядам зброєю в боротьбі з німецькою буржуазією

and, at the same time, it directly represented a reactionary interest; that of the German Philistines

і, в той же час, він безпосередньо представляв реакційний інтерес; німецьких філістимлян

In Germany the petty Bourgeoisie class is the real social basis of the existing state of things
У Німеччині клас дрібної буржуазії є реальною соціальною основою існуючого стану речей

a relique of the sixteenth century that has constantly been cropping up under various forms
Реліквія XVI століття, яка постійно з'являлася в різних формах

To preserve this class is to preserve the existing state of things in Germany
Зберегти цей клас - значить зберегти існуючий стан речей в Німеччині

The industrial and political supremacy of the Bourgeoisie threatens the petty Bourgeoisie with certain destruction
Промислове і політичне панування буржуазії загрожує дрібній буржуазії неминучим знищенням

on the one hand, it threatens to destroy the petty Bourgeoisie through the concentration of capital
з одного боку, це загрожує знищенням дрібної буржуазії через концентрацію капіталу

on the other hand, the Bourgeoisie threatens to destroy it through the rise of a revolutionary proletariat
з іншого боку, буржуазія загрожує знищити її через піднесення революційного пролетаріату

"True" Socialism appeared to kill these two birds with one stone. It spread like an epidemic
«Істинний» соціалізм виявився таким, щоб убити цих двох зайців одним пострілом. Вона поширилася, як епідемія

The robe of speculative cobwebs, embroidered with flowers of rhetoric, steeped in the dew of sickly sentiment
Одежа спекулятивного павутиння, розшита квітами риторики, просякнута росою хворобливих почуттів

this transcendental robe in which the German Socialists wrapped their sorry "eternal truths"
цю трансцендентну мантію, в яку німецькі соціалісти загорнули свої жалюгідні «вічні істини»

all skin and bone, served to wonderfully increase the sale of their goods amongst such a public
вся шкіра і кістки, служили для того, щоб чудово збільшити продаж своїх товарів серед такої публіки
And on its part, German Socialism recognised, more and more, its own calling
Зі свого боку, німецький соціалізм дедалі більше визнавав своє власне покликання
it was called to be the bombastic representative of the petty-Bourgeoisie Philistine
він був покликаний бути пихатим представником міщанина-філістимлянина
It proclaimed the German nation to be the model nation, and German petty Philistine the model man
Він проголосив німецьку націю зразковою нацією, а німецький міщанин — зразковою людиною
To every villainous meanness of this model man it gave a hidden, higher, Socialistic interpretation
Кожній лиходійській підлості цієї зразкової людини вона давала приховане, вище, соціалістичне тлумачення
this higher, Socialistic interpretation was the exact contrary of its real character
це вище, соціалістичне тлумачення було повною протилежністю його дійсному характеру
It went to the extreme length of directly opposing the "brutally destructive" tendency of Communism
Вона дійшла до крайньої міри, прямо протистоячи «брутально руйнівній» тенденції комунізму
and it proclaimed its supreme and impartial contempt of all class struggles
і проголосила своє найвище і неупереджене презирство до всієї класової боротьби
With very few exceptions, all the so-called Socialist and Communist publications that now (1847) circulate in Germany belong to the domain of this foul and enervating literature

За дуже рідкісними винятками, всі так звані соціалістичні та комуністичні видання, які зараз (1847 р.) циркулюють у Німеччині, належать до сфери цієї брудної та огидної літератури

2) Consiervative Socialism, or Bourgeoisie Socialism
2) Консьервальний соціалізм, або буржуазний соціалізм

A part of the Bourgeoisie is desirous of redressing social grievances
Частина буржуазії прагне залагодити соціальні образи
in order to secure the continued existence of Bourgeoisie society
з метою забезпечення подальшого існування буржуазного суспільства
To this section belong economists, philanthropists, humanitarians
До цього розділу належать економісти, філантропи, гуманітарії
improvers of the condition of the working class and organisers of charity
поліпшення становища робітничого класу та організатори благодійності
members of societies for the prevention of cruelty to animals
члени товариств запобігання жорстокому поводженню з тваринами
temperance fanatics, hole-and-corner reformers of every imaginable kind
Фанатики поміркованості, запеклі реформатори будь-якого роду
This form of Socialism has, moreover, been worked out into complete systems
Крім того, ця форма соціалізму була перетворена в цілісні системи
We may cite Proudhon's "Philosophie de la Misère" as an example of this form

Як приклад такої форми можна навести «Філософію мізерів» Прудона

The Socialistic Bourgeoisie want all the advantages of modern social conditions

Соціалістична буржуазія прагне всіх переваг сучасних суспільних умов

but the Socialistic Bourgeoisie don't necessarily want the resulting struggles and dangers

але соціалістична буржуазія не обов'язково хоче боротьби і небезпек, що випливають з цього

They desire the existing state of society, minus its revolutionary and disintegrating elements

Вони прагнуть існуючого стану суспільства без його революційних і дезінтегруючих елементів

in other words, they wish for a Bourgeoisie without a proletariat

іншими словами, вони бажають буржуазії без пролетаріату

The Bourgeoisie naturally conceives the world in which it is supreme to be the best

Буржуазія природно уявляє собі світ, в якому вона найвища, найкращою

and Bourgeoisie Socialism develops this comfortable conception into various more or less complete systems

і буржуазний соціалізм розвиває цю зручну концепцію в різні більш-менш завершені системи

they would very much like the proletariat to march straightway into the social New Jerusalem

вони дуже хотіли б, щоб пролетаріат негайно рушив у соціальний Новий Єрусалим

but in reality it requires the proletariat to remain within the bounds of existing society

Але насправді це вимагає, щоб пролетаріат залишався в межах існуючого суспільства

they ask the proletariat to cast away all their hateful ideas concerning the Bourgeoisie

вони просять пролетаріат відкинути всі свої ненависні ідеї щодо буржуазії

there is a second more practical, but less systematic, form of this Socialism

є друга, більш практична, але менш систематична форма цього соціалізму

this form of socialism sought to depreciate every revolutionary movement in the eyes of the working class

Ця форма соціалізму прагнула знецінити будь-який революційний рух в очах робітничого класу

they argue no mere political reform could be of any advantage to them

Вони стверджують, що жодна проста політична реформа не може принести їм жодної користі

only a change in the material conditions of existence in economic relations are of benefit

Вигоду приносить лише зміна матеріальних умов існування в економічних відносинах

like communism, this form of socialism advocates for a change in the material conditions of existence

Як і комунізм, ця форма соціалізму виступає за зміну матеріальних умов існування

however, this form of socialism by no means suggests the abolition of the Bourgeoisie relations of production

однак ця форма соціалізму аж ніяк не передбачає скасування буржуазних виробничих відносин

the abolition of the Bourgeoisie relations of production can only be achieved through a revolution

скасування буржуазних виробничих відносин може бути досягнуто тільки шляхом революції

but instead of a revolution, this form of socialism suggests administrative reforms

Але замість революції ця форма соціалізму передбачає адміністративні реформи

and these administrative reforms would be based on the continued existence of these relations

І ці адміністративні реформи ґрунтуватимуться на продовженні існування цих відносин
reforms, therefore, that in no respect affect the relations between capital and labour
реформи, які жодним чином не впливають на відносини між капіталом і працею
at best, such reforms lessen the cost and simplify the administrative work of Bourgeoisie government
в кращому випадку такі реформи зменшують витрати і спрощують адміністративну роботу буржуазного уряду

Bourgeois Socialism attains adequate expression, when, and only when, it becomes a mere figure of speech
Буржуазний соціалізм досягає адекватного вираження тоді і тільки тоді, коли він стає просто фігурою мови
Free trade: for the benefit of the working class
Вільна торгівля: на благо робітничого класу
Protective duties: for the benefit of the working class
Захисні обов'язки: на благо робітничого класу
Prison Reform: for the benefit of the working class
Пенітенціарна реформа: на благо робітничого класу
This is the last word and the only seriously meant word of Bourgeoisie Socialism
Це останнє слово і єдине серйозне слово буржуазного соціалізму
It is summed up in the phrase: the Bourgeoisie is a Bourgeoisie for the benefit of the working class
Це зводиться до фрази: буржуазія - це буржуазія на благо робітничого класу

3) Criticam-Utopian Socialism and Communism
3) Критично-утопічний соціалізм і комунізм

We do not here refer to that literature which has always given voice to the demands of the proletariat

Ми не маємо тут на увазі ту літературу, яка завжди озвучувала вимоги пролетаріату

this has been present in every great modern revolution, such as the writings of Babeuf and others

це було присутнє в кожній великій сучасній революції, як, наприклад, у працях Бабефа та інших

The first direct attempts of the proletariat to attain its own ends necessarily failed

Перші прямі спроби пролетаріату досягти власних цілей неминуче зазнали невдачі

these attempts were made in times of universal excitement, when feudal society was being overthrown

Ці спроби були зроблені в часи загального збудження, коли відбувалося повалення феодального суспільства

the then undeveloped state of the proletariat led to those attempts failing

Нерозвинений тоді стан пролетаріату призвів до того, що ці спроби зазнали невдачі

and they failed due to the absence of the economic conditions for its emancipation

І вони зазнали невдачі через відсутність економічних умов для її визволення

conditions that had yet to be produced, and could be produced by the impending Bourgeoisie epoch alone

умови, які ще не були створені і могли бути створені лише епохою буржуазії, що насувалася

The revolutionary literature that accompanied these first movements of the proletariat had necessarily a reactionary character

Революційна література, що супроводжувала ці перші рухи пролетаріату, неодмінно носила реакційний характер

This literature inculcated universal asceticism and social levelling in its crudest form

Ця література прищеплювала універсальний аскетизм і соціальне зрівнялівство в його найгрубішій формі

The Socialist and Communist systems, properly so called, spring into existence in the early undeveloped period
Соціалістична і комуністична системи, власне так називаються, виникли в ранній нерозвинений період
Saint-Simon, Fourier, Owen and others, described the struggle between proletariat and Bourgeoisie (see Section 1)
Сен-Сімон, Фур'є, Оуен та інші описували боротьбу між пролетаріатом і буржуазією (див. Розділ 1)
The founders of these systems see, indeed, the class antagonisms
Засновники цих систем бачать, дійсно, класові антагонізми
they also see the action of the decomposing elements, in the prevailing form of society
Вони також бачать дію елементів, що розкладаються, в панівній формі суспільства
But the proletariat, as yet in its infancy, offers to them the spectacle of a class without any historical initiative
Але пролетаріат, який ще перебуває в зародковому стані, пропонує їм видовище класу, позбавленого будь-якої історичної ініціативи
they see the spectacle of a social class without any independent political movement
Вони бачать видовище соціального класу без будь-якого незалежного політичного руху
the development of class antagonism keeps even pace with the development of industry
Розвиток класового антагонізму йде в ногу з розвитком промисловості
so the economic situation does not as yet offer to them the material conditions for the emancipation of the proletariat
Отже, економічна ситуація ще не пропонує їм матеріальних умов для визволення пролетаріату
They therefore search after a new social science, after new social laws, that are to create these conditions

Тому вони шукають нову соціальну науку, нові соціальні закони, які повинні створити ці умови

historical action is to yield to their personal inventive action

Історична дія полягає в тому, щоб поступитися своїм особистим винахідницьким діям

historically created conditions of emancipation are to yield to fantastic conditions

Історично створені умови емансипації повинні поступатися фантастичним умовам

and the gradual, spontaneous class-organisation of the proletariat is to yield to the organisation of society

А поступова, стихійна класова організація пролетаріату повинна поступитися організації суспільства

the organisation of society specially contrived by these inventors

організація суспільства, спеціально придумана цими винахідниками

Future history resolves itself, in their eyes, into the propaganda and the practical carrying out of their social plans

Майбутня історія в їхніх очах зводиться до пропаганди та практичного здійснення їхніх соціальних планів

In the formation of their plans they are conscious of caring chiefly for the interests of the working class

При формуванні своїх планів вони усвідомлюють, що дбають головним чином про інтереси робітничого класу

Only from the point of view of being the most suffering class does the proletariat exist for them

Тільки з точки зору найбільш страждального класу пролетаріат існує для них

The undeveloped state of the class struggle and their own surroundings inform their opinions

Нерозвинений стан класової боротьби і власне оточення формують їх думку

Socialists of this kind consider themselves far superior to all class antagonisms

Соціалісти такого типу вважають себе набагато вищими за всі класові антагонізми

They want to improve the condition of every member of society, even that of the most favoured

Вони хочуть поліпшити становище кожного члена суспільства, навіть найбільш привілейованого

Hence, they habitually appeal to society at large, without distinction of class

Отже, вони зазвичай апелюють до суспільства в цілому, без різниці між класами

nay, they appeal to society at large by preference to the ruling class

Ні, вони апелюють до суспільства в цілому, віддаючи перевагу правлячому класу

to them, all it requires is for others to understand their system

Для них все, що потрібно, це щоб інші зрозуміли їхню систему

because how can people fail to see that the best possible plan is for the best possible state of society?

Бо як люди можуть не бачити, що найкращим можливим планом є найкращий можливий стан суспільства?

Hence, they reject all political, and especially all revolutionary, action

Тому вони відкидають будь-яку політичну, а особливо будь-яку революційну діяльність

they wish to attain their ends by peaceful means

Вони бажають досягти своїх цілей мирним шляхом

they endeavour, by small experiments, which are necessarily doomed to failure

Вони намагаються за допомогою невеликих експериментів, які неминуче приречені на провал

and by the force of example they try to pave the way for the new social Gospel

і силою прикладу намагаються прокласти шлях до нового соціального Євангелія

Such fantastic pictures of future society, painted at a time when the proletariat is still in a very undeveloped state
Такі фантастичні картини майбутнього суспільства, написані в той час, коли пролетаріат ще знаходиться в дуже нерозвиненому стані
and it still has but a fantastical conception of its own position
І вона все ще має лише фантастичне уявлення про власну позицію
but their first instinctive yearnings correspond with the yearnings of the proletariat
Але їх перші інстинктивні прагнення відповідають прагненням пролетаріату
both yearn for a general reconstruction of society
Обидва прагнуть до загальної реконструкції суспільства

But these Socialist and Communist publications also contain a critical element
Але ці соціалістичні та комуністичні публікації містять також важливий елемент
They attack every principle of existing society
Вони нападають на всі принципи існуючого суспільства
Hence they are full of the most valuable materials for the enlightenment of the working class
Тому вони сповнені найцінніших матеріалів для просвітництва робітничого класу
they propose abolition of the distinction between town and country, and the family
Вони пропонують скасувати різницю між містом і селом, сім'єю
the abolition of the carrying on of industries for the account of private individuals
скасування ведення галузей промисловості за рахунок приватних осіб
and the abolition of the wage system and the proclamation of social harmony

скасування системи заробітної плати і проголошення
суспільної злагоди

**the conversion of the functions of the State into a mere
superintendence of production**

перетворення функцій держави на просте управління
виробництвом

**all these proposals, point solely to the disappearance of class
antagonisms**

Всі ці пропозиції вказують виключно на зникнення
класових антагонізмів

class antagonisms were, at that time, only just cropping up

Класові антагонізми в той час тільки з'являлися

**in these publications these class antagonisms are recognised
in their earliest, indistinct and undefined forms only**

У цих публікаціях ці класові антагонізми визнаються лише
в їх найбільш ранніх, невиразних і невизначених формах

These proposals, therefore, are of a purely Utopian character

Отже, ці пропозиції мають суто утопічний характер

**The significance of Critical-Utopian Socialism and
Communism bears an inverse relation to historical
development**

Значення критично-утопічного соціалізму і комунізму має
зворотне відношення до історичного розвитку

**the modern class struggle will develop and continue to take
definite shape**

Сучасна класова боротьба буде розвиватися і надалі
набувати певних обрисів

**this fantastic standing from the contest will lose all practical
value**

Ця фантастична репутація від конкурсу втратить будь-яку
практичну цінність

**these fantastic attacks on class antagonisms will lose all
theoretical justification**

Ці фантастичні нападки на класові антагонізми втратять
будь-яке теоретичне обґрунтування

the originators of these systems were, in many respects, revolutionary
Творці цих систем багато в чому були революційними
but their disciples have, in every case, formed mere reactionary sects
Але їхні учні в кожному випадку утворювали прості реакційні секти
They hold tightly to the original views of their masters
Вони міцно тримаються за оригінальні погляди своїх господарів
but these views are in opposition to the progressive historical development of the proletariat
Але ці погляди суперечать прогресивному історичному розвитку пролетаріату
They, therefore, endeavour, and that consistently, to deaden the class struggle
Тому вони намагаються, і то послідовно, придушити класову боротьбу
and they consistently endeavour to reconcile the class antagonisms
І вони послідовно намагаються примирити класові антагонізми
They still dream of experimental realisation of their social Utopias
Вони досі мріють про експериментальну реалізацію своїх соціальних утопій
they still dream of founding isolated "phalansteres" and establishing "Home Colonies"
вони все ще мріють заснувати ізольовані «фаланстери» і заснувати «домашні колонії»
they dream of setting up a "Little Icaria"—duodecimo editions of the New Jerusalem
вони мріють створити «Маленьку Ікарію» — дуодецимо видань Нового Єрусалиму
and they dream to realise all these castles in the air
І всі ці повітряні замки вони мріють втілити в життя

they are compelled to appeal to the feelings and purses of the bourgeois

Вони змушені апелювати до почуттів і гаманців буржуа

By degrees they sink into the category of the reactionary conservative Socialists depicted above

Поступово вони скочуються в категорію реакційних консервативних соціалістів, зображених вище

they differ from these only by more systematic pedantry

Від них вони відрізняються лише більш систематичною педантизмом

and they differ by their fanatical and superstitious belief in the miraculous effects of their social science

І вони відрізняються своєю фанатичною і забобонною вірою в чудесні наслідки своєї соціальної науки

They, therefore, violently oppose all political action on the part of the working class

Тому вони чинять запеклий опір будь-яким політичним діям робітничого класу

such action, according to them, can only result from blind unbelief in the new Gospel

Такі дії, на їхню думку, можуть бути наслідком лише сліпої невіри в нове Євангеліє

The Owenites in England, and the Fourierists in France, respectively, oppose the Chartists and the "Réformistes"

Оуеніти в Англії і фур'єристи у Франції, відповідно, виступають проти чартистів і «реформістів»

- Position of the Communists in Relation to the Various Existing Opposision Parties -
Позиція комуністів по відношенню до різних існуючих опозиційних партій

Section II has made clear the relations of the Communists to the existing working-class parties
Розділ ІІ прояснив відносини комуністів з існуючими робітничими партіями

such as the Chartists in England, and the Agrarian Reformers in America
такі, як чартисти в Англії та аграрні реформатори в Америці

The Communists fight for the attainment of the immediate aims
Комуністи борються за досягнення найближчих цілей

they fight for the enforcement of the momentary interests of the working class
Вони борються за реалізацію сьогохвилинних інтересів робітничого класу

but in the political movement of the present, they also represent and take care of the future of that movement
Але в політичному русі сьогодення вони також представляють і піклуються про майбутнє цього руху

In France the Communists ally themselves with the Social-Democrats
У Франції комуністи об'єднуються з соціал-демократами

and they position themselves against the conservative and radical Bourgeoisie
і вони протиставляють себе консервативній і радикальній буржуазії

however, they reserve the right to take up a critical position in regard to phrases and illusions traditionally handed down from the great Revolution
однак вони залишають за собою право займати критичну позицію щодо фраз та ілюзій, традиційно переданих з часів Великої революції

In Switzerland they support the Radicals, without losing sight of the fact that this party consists of antagonistic elements
У Швейцарії підтримують радикалів, не випускаючи з уваги той факт, що ця партія складається з антагоністичних елементів
partly of Democratic Socialists, in the French sense, partly of radical Bourgeoisie
частково демократичних соціалістів, у французькому розумінні, частково радикальної буржуазії
In Poland they support the party that insists on an agrarian revolution as the prime condition for national emancipation
У Польщі підтримують партію, яка наполягає на аграрній революції як головній умові національного визволення
that party which fomented the insurrection of Cracow in 1846
та партія, яка підбурила повстання в Кракові в 1846 році
In Germany they fight with the Bourgeoisie whenever it acts in a revolutionary way
У Німеччині воюють з буржуазією щоразу, коли вона діє революційним шляхом
against the absolute monarchy, the feudal squirearchy, and the petty Bourgeoisie
проти абсолютної монархії, феодального зброєносця і дрібної буржуазії
But they never cease, for a single instant, to instil into the working class one particular idea
Але вони ні на мить не перестають прищеплювати робітничому класу якусь одну конкретну ідею
the clearest possible recognition of the hostile antagonism between Bourgeoisie and proletariat
якнайчіткіше визнання ворожого антагонізму між буржуазією і пролетаріатом
so that the German workers may straightaway use the weapons at their disposal

щоб німецькі робітники могли негайно скористатися наявною в їхньому розпорядженні зброєю
the social and political conditions that the Bourgeoisie must necessarily introduce along with its supremacy
суспільно-політичні умови, які буржуазія неодмінно повинна запровадити разом зі своїм пануванням
the fall of the reactionary classes in Germany is inevitable
падіння реакційних класів у Німеччині неминуче
and then the fight against the Bourgeoisie itself may immediately begin
і тоді відразу може початися боротьба з самою буржуазією
The Communists turn their attention chiefly to Germany, because that country is on the eve of a Bourgeoisie revolution
Комуністи звертають свою увагу головним чином на Німеччину, тому що ця країна знаходиться напередодні буржуазної революції
a revolution that is bound to be carried out under more advanced conditions of European civilisation
революція, яка неодмінно відбудеться в більш розвинених умовах європейської цивілізації
and it is bound to be carried out with a much more developed proletariat
І це неодмінно буде здійснено з набагато більш розвиненим пролетаріатом
a proletariat more advanced than that of England was in the seventeenth, and of France in the eighteenth century
пролетаріат, більш розвинений, ніж в Англії, в XVII столітті, і у Франції в XVIII ст.
and because the Bourgeoisie revolution in Germany will be but the prelude to an immediately following proletarian revolution
і тому, що буржуазна революція в Німеччині буде лише прелюдією до безпосередньо наступної пролетарської революції

In short, the Communists everywhere support every revolutionary movement against the existing social and political order of things
Коротше кажучи, комуністи повсюдно підтримують будь-який революційний рух проти існуючого суспільно-політичного порядку речей

In all these movements they bring to the front, as the leading question in each, the property question
У всіх цих рухах вони висувають на передній план, як провідне питання в кожному з них, майнове питання

no matter what its degree of development is in that country at the time
Незалежно від того, який ступінь її розвитку в цій країні на той час

Finally, they labour everywhere for the union and agreement of the democratic parties of all countries
Нарешті, вони повсюдно працюють заради об'єднання і згоди демократичних партій усіх країн

The Communists disdain to conceal their views and aims
Комуністи не гребують приховувати свої погляди і цілі

They openly declare that their ends can be attained only by the forcible overthrow of all existing social conditions
Вони відкрито заявляють, що їх цілі можуть бути досягнуті тільки шляхом насильницького повалення всіх існуючих суспільних умов

Let the ruling classes tremble at a Communistic revolution
Нехай панівні класи тремтять від комуністичної революції

The proletarians have nothing to lose but their chains
Пролетарям нема чого втрачати, крім своїх кайданів

They have a world to win
У них є світ, щоб перемогти

WORKING MEN OF ALL COUNTRIES, UNITE!
ТРУДЯЩІ ВСІХ КРАЇН, ЄДНАЙТЕСЯ!

www.tranzlaty.com

www.ingramcontent.com/pod-product-compliance
Lightning Source LLC
Chambersburg PA
CBHW011952090526
44591CB00020B/2738